Sicher durch die Krise

Günter Hannich

Sicher durch die Krise

Krisensicherer Vermögensschutz für Ihr Depot

Bibliografische Information der Deutschen Bibliothek
Die Deutsche Bibliothek verzeichnet diese Publikation
in der Deutschen Nationalbibliografie;
detaillierte bibliografische Daten sind im Internet
über http://dnb.ddb.de abrufbar

Impressum

Theodor-Heuss-Straße 2–4 · 53177 Bonn
Telefon +49 228 8205-0 · Telefax: +49 228 369 64 80
info@gevestor.de · www.gevestor.de

Verlagsleitung: Cathrin Gutmann

Chefredakteur: Günter Hannich (V.i.S.d.P.)
Satz: ce redaktionsbüro für digitales publizieren, Heinsberg
Umschlag: mekcar/fotolia
Druck: Beltz Bad Langensalza GmbH, Bad Langensalza

ISBN 978-3-8125-1915-1

GeVestor ist ein Unternehmensbereich
des Verlags für die Deutsche Wirtschaft AG
Vorstand: Richard Rentrop · USt.-ID: DE 812639372
Amtsgericht Bonn, HRB 8165

Inhalt

Über den Autor

Der Autor Günter Hannich, geboren 1968, beschäftigt sich seit über 30 Jahren mit unserem Finanz- und Wirtschaftssystem. Schon vor 15 Jahren warnte Günter Hannich in Artikeln vor der Eurokrise und einer Deflation mit folgender Wirtschaftskrise.

In mehreren Zeitschriften veröffentlichte der Autor seine Argumente gegen den Euro und widerlegte dabei viele Annahmen der Experten. In der Öffentlichkeit sorgen die Veröffentlichungen und Veranstaltungen zunehmend für Aufmerksamkeit. Auch die Presse kann sich dabei einer Stellungnahme nicht entziehen. So brachte beispielsweise der Saarländische Rundfunk schon im Februar 2001 und November 2003 in der einstündigen, renommierten Sendung „Fragen an den Autor" ein Live-Interview mit Günter Hannich. Auch mehrere Interviews in n-tv und im Deutschen Anlegerfernsehen (DAF) zum Thema „Deflation" bestätigt seine Kompetenz.

Zahlreiche Vorträge und Seminare informierten die Zuhörer und bewahrten viele vor finanziellen Verlusten durch den angekündigten Börsenkrach. Dadurch sind die Erkenntnisse des Finanzexperten eine Orientierung für Jedermann und eine Herausforderung an die Flexibilität und Fantasie von Politikern und Managern.

Seine wichtigsten Veröffentlichungen waren bisher folgende Bücher:

1998	„Sprengstoff Geld – Wie das Kapitalsystem unsere Welt zerstört“
1999	„Geldcrash – So retten Sie Ihr Vermögen – Der Krisenwegweiser“
2000	„Börsenkrach und Weltwirtschaftskrise“
2001	„Der Euro – die Endlösung für Europa?“
2002	„Wer in der Schuld ist, ist nicht frei” sowie „Bloß weg! Ihr zweites Standbein im Ausland“
2003	„Deflation – Die verheimlichte Gefahr“
2004 – 2005	Chefredakteur der Zeitschrift „Humanwirtschaft“
2005	„Der Marionettenstaat – So durchschauen Sie die Methoden der Drahtzieher“
2006	„Staatsbankrott – wann kommt die nächste Währungsreform“
2009	„Die kommende Eurokatastrophe“
2010	„Die Deflation kommt“
2018	„Megacrash – Die große Enteignung kommt“

Seit 2008 ist er Chefredakteur des Crash Investors beim GeVestor-Verlag. Schon im Sommer 2008 warnte er seine Leser vor dem Oktobercrash durch die Lehman-Pleite und konnte so viele Anleger vor hohen Verlusten bewahren. Auch im Jahr 2011 retteten seine Anlageempfehlungen viele Leser vor Verlusten durch die Eurokrise.

Liebe Leserin, lieber Leser!

Herzlichen Glückwunsch zur Bestellung meines Crash Investors. Damit haben Sie den ersten Schritt gemacht, um sich vor Krisen und Crashs abzusichern. Ich zeige Ihnen darin die kommenden Gefahren auf und sage Ihnen, wie Sie investieren sollen, um Ihr Vermögen effektiv abzusichern.

Lassen Sie sich nicht von den Medien täuschen: Die Krisen sind noch nicht vorbei, sondern sie beginnen überhaupt erst!
Unser Finanzsystem heute ist komplett instabil: Egal, ob es um die weltweit explodierende Verschuldung oder um die Kunstwährung Euro geht: Alles das steht kurz vor dem Kollaps.
Nicht zu vergessen sind dabei die geopolitischen Risiken wie der Terrorismus aus dem Nahen Osten oder Spannungen zwischen dem Westen und Russland.

Nur wenn Sie jetzt handeln, können sie sich vor großen Verlusten schützen!

Lange wird es nicht mehr dauern, bis die Masse erkennt, dass die Titanic am Sinken ist – bis dahin haben Sie jedoch schon Ihr Rettungsboot aufgebaut und überstehen die Krise ungeschoren.

Dabei wünsche ich Ihnen viel Erfolg und werde Sie im Crash Investor unterstützen.

Ihr

Günter Hannich,
Chefredakteur Crash Investor

Was ich erwarte – der kommende Crash

Mehr als 25 Jahre Forschung – für die Sicherheit Ihres Geldes

Weil ich die aktuelle Krisen und die kommende Rezession, in die wir hineinschlittern werden, rechtzeitig vorhergesehen habe, kann ich zeitgemäße und verlässliche Konzepte entwickeln, mit denen Sie Ihr Vermögen zu 100% absichern.

Während andere „Analysten" und Börsengurus über die Blase und den neuen Höchststand des DAX 2007 jubelten und Anleger in riskante Aktien lockten, feilte ich an dem Kapitalschutz-System, das Sie jetzt im Crash Investor finden.

Bereits 2008 habe ich damit unzähligen Lesern ein Vermögen gerettet. Während andere massiv Kapital an der Börse verloren haben, konnten die Leser des Crash Investors bis zu 100 und mehr Prozent mit dem Short-Depot verdienen. Jetzt kommt die nächste gefährliche Stufe, und der Crash Investor zeigt Ihnen, wie Sie Ihr Geld selbst gegen drohende Staatsbankrotte und den nunmehr sicheren Zusammenbruch des Euro absichern.

Als der Crash Investor im Jahr 2008 startete, glaubten nur die wenigsten an eine Krise. Im Crash Investor warne ich jedoch seit dem Sommer 2008 vor einem „Oktobercrash", der dann auch punktgenau eintrat.

Am 17.8.2008, als alle noch ganz optimistisch waren, schrieb ich deshalb im Crash Investor:

Die drohende Deflationskrise

Das bedeutet: Je tiefer die Kreditkrise wird, umso mehr Banken kommen unter Druck und je mehr die Banken in Bedrängnis geraten, desto mehr Menschen werden bankrott und müssen ihren

Konsum reduzieren. Ein rückläufiger Konsum jedoch bedeutet automatisch, dass die Unternehmen unter Druck geraten und in einem ruinösen Wettbewerb in einen Preissenkungswettlauf gezwungen werden – Produkte müssen dann auch unter den Selbstkosten verkauft werden, nur um überhaupt noch die immer schärferen Kreditbedingungen erfüllen zu können.

Am Ende haben wir dann eine klassische deflationäre Abwärtsspirale aus faulen Krediten, sinkenden Unternehmensumsätzen, steigender Arbeitslosigkeit und zusammenbrechenden Unternehmen und Banken. Aus der Angst vor Inflation ist eine waschechte Deflation geworden, die weitaus schlimmer in ihren verheerenden Auswirkungen ist.

Und weiter:

Ausblick: Der Crash muss kommen – Schützen Sie Ihr Geld

Die aktuelle Entwicklung sollte als Zwischenzustand gesehen werden. Letztendlich führt nichts daran vorbei, dass sowohl aufgeblähte Aktienkurse einbrechen, als auch, dass ein Handelsbilanzdefizit, wie es die USA aufweisen, am Ende zum Währungssturz führen muss.

Egal, was heute „Experten" behaupten und wie oft sie vom angeblich nächsten „Aufschwung" reden, am Ende zählen nur die fundamentalen, harten Fakten. Und die sehen heute überhaupt nicht rosig aus, weswegen Sie nun unbedingt vorsorgen sollten.

Am 24.8.2008 warnte ich dann genau rechtzeitig meine Leser vor dem nahen Oktobercrash:

Ausblick: Gefahr eines Oktobercrashs!

Die Gefahr eines Oktobercrashs – ähnlich dem von 1929, der die Weltwirtschaftskrise einläutete – wird immer deutlicher. Einerseits wird die Gefährdung für das Finanzsystem durch platzende Spekulationsblasen und immer größere Bedrohung der Banken durch Kreditausfälle immer stärker.

Andererseits wird diese Gefahr von den Börsianern weiterhin unterschätzt oder sogar ignoriert. Das führt dazu, dass die Kluft zwischen reellen Börsenkursen und Wunschvorstellungen der Börsianer immer größer wird. Diese Kluft wird irgendwann – beispielsweise im Herbst, wenn die neuesten Wirtschaftszahlen auf den Tisch kommen – geschlossen werden, indem ein Crash die überhöhten Kurse korrigiert. Nicht anders war es auch 1929, und die Folgen davon war die Weltwirtschaftskrise.

Allein dadurch hat der Crash Investor seinen Lesern Millionen gerettet! Während andere bis zu 50% ihres Vermögens verloren, verzeichneten die cleveren Anleger, die nach den Strategien und Regeln aus meinem Crash Investor ihr Geld rechtzeitig umgeschichtet hatten, deutliche Zuwächse.

Die rechtzeitig vor dem Crash empfohlenen Short-ETFs stiegen um über 100% und die kurzlaufenden Anleihen erwiesen sich ebenfalls als Kursraketen. Das gleiche auch beim Schweizer Franken, den ich Ihnen schon seit 2008 als Investment empfehle. Als im Jahr 2012 die Schweizer Nationalbank eine Obergrenze des Schweizer Frankens zum Euro einführte, rieten viele Finanzberater von einem Investment in die Schweizer Währung ab. Ich jedoch empfahl diese weiter, weil mir klar war, dass diese Obergrenze nie halten wird. So kam es dann Anfang 2015 auch, und meine Leser machten einen Gewinn von 20%t durch die Aufwertung des Schweizer Frankens.

Schon diese Zahlen beweisen Ihnen klar und eindeutig: Die von mir in jahrzehntelanger Arbeit entwickelten Sicherheitsregeln und Strategien für Privatanleger funktionieren! Diese Strategien bieten Ihnen nicht nur Sicherheit vor Verlusten. Sie machen sogar Rendite, während die Menschen um Sie herum alles verlieren!

Die Krise geht weiter – der große Knall kommt noch

Schnell stellt sich heraus, dass zwischenzeitliche „Erholungsphasen“ nicht mehr sind als Blasen. Gefährliche Blasen, die bald platzen und uns leichtsinnig machen. Die Wahrheit ist: Schon bald werden immer mehr Unternehmen in Schwierigkeiten kommen, weil die USA und andere Krisenstaaten keine Waren aus Deutschland mehr importieren.

Der heutige Boom in der deutschen Wirtschaft ist letztlich nur ein Strohfeuer, der durch einen massiven Anstieg des Exportüberschusses angefeuert wurde. Betrug der Exportüberschuss – also den Betrag an Waren, den Deutschland mehr exportiert als importiert – im Jahr 1997 noch 20 Milliarden €, so waren es im Jahr 2016 bereits 252 Milliarden €. Wenn da die Weltwirtschaft nur etwas einknickt, hat Deutschland eine massive Krise und der vermeintliche „Boom“ erweist sich als Strohfeuer.

Diese Unternehmen werden schon bald dazu gezwungen sein, Arbeitskräfte zu entlassen. Je höher die Arbeitslosigkeit, umso geringer wird die Massenkaufkraft, welche den Konsum der Menschen zunehmend einschränkt. Dazu kommt, dass die Unsicherheit zunimmt und es zum „Angstsparen“ kommt. Und schon gibt es wieder Pläne, die Steuern zu erhöhen. Das heißt, dass die Menschen immer weniger Geld ausgeben, weil sie Angst vor der Zukunft haben
.

Das alles führt zu einer weiteren Senkung der Massenkaufkraft mit noch mehr Unternehmenspleiten und weiterer Arbeitslosigkeit. Ein Teufelskreislauf, der sich immer schneller dreht und an dessen Ende eine Wirtschaftskrise wie die der 1930er Jahre steht – nur heute erheblich explosiver als im vergangenen Jahrhundert. Damals dauerte die Weltwirtschaftskrise in den USA zehn Jahre und wurde erst durch den Zweiten Weltkrieg beendet!

Lassen Sie sich nicht täuschen: Die jetzigen „Rettungspakete“, die Schönfärberei und das Aufschwung-Gerede der Politiker und der

Presse sind nur Beruhigungspillen. In Wahrheit verschärft sich die Krise immer weiter, bis es zur finalen Explosion unseres Finanzsystems kommt. Der schlimmste Teil der Krise steht uns noch bevor.

Politische Krisen

Was noch dazu kommt und die drohende Finanzkrise auslösen und verstärken wird, sind politische Krisen. Eine solche sahen Sie beispielsweise im Frühjahr 2014, als Russland die ukrainische Halbinsel Krim annektierte. Die Krise setzte sich fort, als sich Ende 2015 die Spannungen zwischen Russland und dem NATO-Land Türkei erneut verschärften, als die Türkei ein russisches Kampfflugzeug abschoss.

Nach dem versuchten Putsch in der Türkei im Sommer 2016 und weiteren Spannungen zwischen Deutschland und der Türkei im Jahr 2017 droht jetzt sogar ein Austritt der Türkei aus der Nato, was die geopolitischen Kräfte nochmals verändern und militärische Konflikte noch wahrscheinlicher machen wird.

Und letztlich gehören dazu auch Terroranschläge, wie sie sich Ende 2015 in Paris ereigneten, als über 130 Menschen durch islamistische Attentate ums Leben kamen. Auch in Deutschland ist der Terror schon angekommen, wie die Anschläge in Würzburg, Ansbach und München zeigten. Dass diese Terroranschläge auch Deutschland bedrohen, konnten Sie im Jahr 2016 zuletzt in Berlin sehen, als ein Attentäter mit einem Lkw in einen Weihnachtsmarkt raste und 12 Menschen tötete. Weitere Anschläge folgten dem auch im Jahr 2017 in verschiedenen europäischen Ländern.

Solche Krisen werden sich in Zukunft noch häufiger ereignen, da Russland zunehmend als aggressive Großmacht auftritt und seine Positionen ausbaut. Die Rüstungszahlen sprechen hier eine klare Sprache: Während die Bundeswehr im Jahr 1985 noch über 4.600 Panzer hatte, sind es heute nur noch ungefähr 300, und auch die sollen noch auf etwas über 200 abgerüstet werden. Demgegenüber rüstet Russland allein im Jahr 2014 über 1.700 Panzer nach.

Durch derartige Krisen wird jedoch die ganze politische Weltlage verändert, und das wird auch zu Finanzkrisen und schweren Einbrüchen an den Aktienmärkten führen. Nur wenn Sie sich hier absichern, können Sie dies unbeschadet überstehen.

Eines der wichtigsten Ergebnisse meiner Arbeit ist: In jeder Finanzkrise, in jedem Börsen-Crash, ja sogar in der tiefsten Rezession gibt es Bereiche, Länder und Investitionen, die nicht betroffen sind. Das sind Menschen, die in den entscheidenden und kritischen Phasen immer die richtigen Empfehlungen und Strategien hatten.

Anlagen, die Sie vermeiden sollten

Folgende Anlageformen sollten Sie vermeiden, denn sie bergen ein hohes Crashrisiko – besser ist es, dieses Kapital in den Crash Investor zu investieren.

Inflationsgeschützte Anleihen

Inflationsgeschützte Anleihen werden Ihnen zunehmend von Banken zum Investment angeboten. Was sich oberflächlich betrachtet gut anhört, ist es leider nicht, wenn Sie näher hinsehen.

Abgesehen davon, dass ich für die nächste Zeit von einer Deflationsphase ausgehe, in der Ihnen diese Art von Anleihen nicht viel nutzen wird, haben sie auch noch weitere gewichtige Nachteile. Einmal ist die offizielle Inflationsrate regelmäßig niedriger als die reale Rate, d. h., Sie bekommen eben doch keinen vollen Inflationsausgleich. Zudem spricht niemand über die Abgeltungsteuer, die gleich wieder von dem vermeintlichen „Inflationsschutz" gut 25% direkt für den Staat vereinnahmt.

Auch auf diese Weise verdient der Staat mit seinen eigenen Anleihen. Eine weitere Schwierigkeit: Drei Viertel des „Inflationsschutzes" greift durch die Rückzahlung erst am Jahresende bzw. am Ende der Laufzeit. Während die Inflation das ganze Jahr über das Vermögen entwertet, gibt es einen Ausgleich dafür erst am Jahresende. Plötzlich explodierende Preise fangen die Titel nicht direkt ab. Ich rate deshalb von dieser Art Anleihen ab.

Fremdvermietete Immobilien

Fremdvermietete Immobilien sind aufgrund der aufkommenden Inflationsängste wieder ein „Renner". Was oberflächlich betrachtet als „sichere Anlage" aussieht, ist es leider nicht. Zwar ist das selbstbewohnte Eigenheim zu empfehlen. Das gilt jedoch unter den heutigen Umständen nicht für eine große Geldanlage in fremdvermieteten Wohnungen und Häusern. Einmal müssen Sie hier damit rechnen, dass im Zuge einer Wirtschaftskrise der Mieter zahlungsunfähig wird und Sie ihm dennoch nicht wegen unserer rigiden Mieterschutzgesetze kündigen können – Stichwort: „Mietnomaden". In einer Krise wird sich diese Entwicklung noch verschlimmern, da der Staat dann – um Obdachlosigkeit zu verhindern Mieterkündigungen – ganz einschränken wird.

Eine weitere kaum beachtete Gefahr liegt darin, dass der Staat zwangsläufig seine Steuern in Zukunft immer weiter erhöhen wird, um seinen Schuldenverpflichtungen nachkommen zu können. Dabei ist es nur eine Frage der Zeit, bis unsere findigen Politiker auf die Idee kommen, z. B. fremdvermietete Immobilien extrem zu besteuern.

Der Großteil des Vermögens in Deutschland liegt in Form von Immobilien vor und nicht im Geldvermögen. Bisher hat die Politik jedoch die Immobilienbesitzer – im Gegensatz zu den Geldbesitzern – steuerlich relativ ungeschoren gelassen. Sie können davon ausgehen, dass sich das bald ändern wird.

Ein gutes Beispiel dafür ist Griechenland: Das Land hat durch den Druck der Eurokrise eine Immobiliensteuer eingeführt. Danach müssen für jeden Quadratmeter Wohnfläche im Jahr 4 € Steuern bezahlt werden, die mit der Stromrechnung eingetrieben werden. Wer sich weigert zu zahlen, riskiert vom Stromnetz abgetrennt zu werden.

Wie gesagt: Diese einschneidenden Maßnahmen sind momentan noch in der Diskussion in Lettland, es gibt noch keine festen Beschlüsse, aber es zeigt deutlich, wohin die Richtung geht und dass „greifbares“ Vermögen für die Politik sehr schnell verführerisch wird. Als Folge dieser Diskussion werden viele Leute ihre Immobilien aufgrund der hohen Steuern verkaufen müssen, wodurch die Preise massiv fallen werden.

Viele Immobilien werden dabei sogar angesichts der Verkaufsflut völlig unverkäuflich, da keine Käufer mehr vorhanden sind und den Besitzern durch die extremen Steuern Verluste drohen.

Immobilien (heute noch fälschlicherweise „Betongold“ genannt) sind also keineswegs sichere Anlagen. Sie sind vielmehr dem Staat zur Besteuerung ohne Ausweichmöglichkeit schutzlos ausgeliefert. Der Staat kann Ihnen im Zuge einer Krise beliebig Schulden ins Grundbuch eintragen, Sie mit Zwangsanleihen oder einem Lastenausgleich belegen. Sie sollten deshalb überlegen, ob Sie nicht hohe Summen in Immobilienvermögen durch einen Verkauf derselben reduzieren sollten. Dies gilt ausdrücklich nicht für das selbstbewohnte Eigenheim.

Dachfonds

Es droht eine Gebührenfalle, wenn ein Anlageberater Ihnen Dachfonds verkaufen will. Das Konzept besteht darin, dass der Dachfonds das Geld der Kunden in verschiedene Einzelfonds investiert. Beliebtes Verkaufsargument ist, dass der Anleger damit an einer eingebauten Vermögensverwaltung teilhabe.

Verschwiegen wird jedoch gern, welchen Preis Sie als Anleger dafür zahlen. Es gibt nämlich mindestens 2 Gebührenebenen: Eine bei den Einzelfonds und eine beim Dachfonds. Das macht es den Managern solcher Produkte meist sehr schwer, besser abzuschneiden als der Markt. Einige Dachfonds kassieren sogar auf 3 Ebenen, indem sie in andere Dachfonds investieren.

Dachfonds-Anbieter weisen gern darauf hin, beim Fondskauf Großanleger-Konditionen zu bekommen. Die Nachlässe ergeben sich aber häufig daraus, dass in mäßig laufende hauseigene Produkte investiert wird. Das reduziert zwar die Gebühren, im Gegenzug fällt aber die Performance oft nur mager aus.

Relativ neu am Markt sind Dachfonds, die in verschiedenen Exchange Traded Funds (ETFs) anlegen. Da diese Fonds nur einen Index abbilden, sind sie meist deutlich günstiger als traditionelle Fonds. Dennoch werden auch hier 1,5% oder sogar mehr an Gebühren für die Fondsverwaltung gefordert, was das Ganze vergleichsweise teuer macht. Verlangen die Anbieter dann noch erfolgsabhängige Managementgebühren, mindert auch das die Rendite.

Stellen Sie sich daher Ihr Portfolio besser selbst zusammen, um die Gebühren zu minimieren.

Die Riester-Rente

Sehr verbreitet ist heute nach massiver Werbung der Banken und Versicherungen die „Riester-Rente“ als Ansparplan zur Altersvorsorge. Leider halten die Versprechen von hohen Renditen und staatlichen Zuschüssen bei genauer Betrachtung kaum das, was propagiert wird.

Eine Untersuchung der Freien Universität Berlin ergab jüngst, dass z. B. ein 30-jähriger Riester-Fondssparer mit einem jährlichen Bruttoeinkommen von 52.500 € 92 Jahre alt werden müsste, nur um seine eigenen Beiträge samt Zinsen als Rente ausgezahlt zu bekommen. Dabei hat ein heutiger 30-Jähriger im Schnitt nur eine Lebenserwartung von 78 Jahren – er stirbt also mit hoher Wahrscheinlichkeit, bevor er überhaupt seine Einzahlungen mit Zinsen überhaupt zurückerhält und in die „Gewinnzone“ gelangt.

Etwas besser sieht es nur bei Geringverdienern aus. Doch auch ein 30-Jähriger mit 2 Kindern und 18.000 € Bruttoverdienst im

Jahr muss schon 71 Jahre alt werden, um überhaupt seine verzinsten Beiträge zu erhalten. Je höher der Verdienst, umso weniger lohnt sich die Riester-Rente.

Was auch meist nicht beachtet wird, ist, dass im Todesfall häufig die Erben nichts von der Riester-Rente erhalten. Wenn Sie dazu noch bedenken, dass Sie Ihr in der Krise dringend benötigtes Vermögen aus der Hand geben – ohne unmittelbaren Zugriff darauf – und auch die Renditen eher mager sind, sollten Sie sich dringend überlegen, ob Sie hier hohe Beträge investieren sollten.

Zu hoher Edelmetallanteil im Portfolio

Ich empfehle auf jeden Fall eine Investition in Edelmetalle. Leider jedoch führt die heutige Panikmache der Medien dazu, dass manche Investoren den Anteil dafür viel zu hoch ansetzen und über 50 oder gar 90% des Vermögens in Gold und Silber halten.

Vor einem zu großen Anteil an Edelmetallen sollte jedoch dringend gewarnt werden. Die größte Gefahr bei einem zu großen Edelmetall-Anteil ist die einseitige Abhängigkeit von den jeweiligen Metallpreisen. Dazu kommt, dass es in einem deflationären Szenario durchaus möglich ist, dass die Edelmetallpreise auch wieder fallen können. Wer dann nicht genug Kapital hat, um diese Phase zu überstehen, muss Gold und Silber zu billigen Kursen verkaufen.

Ein weiteres Risiko besteht in einem staatlichen Goldbesitzverbot. Schon 1933 bis in die 1970er Jahre hinein war z. B. in den USA Goldbesitz bei Strafen von bis zu 10 Jahren Gefängnis verboten. In Krisenzeiten ist die Gefahr da, dass der Staat dann sehr schnell wieder auf diese „altbewährten Methoden" zurückgreift. Wer dann sein Gold nicht gegen eine billige Entschädigung abliefert, macht sich strafbar. Selbst wenn das Gold versteckt wird, ist es – wie die USA zeigen – unter Umständen für viele Jahrzehnte nicht mehr nutzbar, während langsam, aber sicher das Kapital zum Leben knapp wird.

Wie gesagt: Edelmetalle gehören in jedes Depot – allerdings sollte man es dabei nicht übertreiben. Eine flexible Strategie mit einer breiten Streuung – wie wir sie im Crash Investor verfolgen – ist in jedem Fall einer einseitigen Investition in Edelmetalle überlegen.

Langlaufende Anleihen

Langlaufende Anleihen sind von einem drastischen Wertverlust bedroht, wenn das Zinsniveau wieder ansteigt. Würden Sie heute 30-jährige Anleihen kaufen, bekommen Sie nur relativ geringe Zinsen. Steigt dann der Zins in der Krise an (zunehmender Risikozuschlag auf den Zins), gibt die Anleihe überproportional im Kurs nach.

Angenommen, eine langlaufende 5-%ige festverzinsliche Anleihe (z. B. 30-jährige Anleihe) wird zu einem Kurs von 100 € herausgegeben, und der Marktzins steigt auf 6%, dann fällt der entsprechende Kurs auf etwa 83 €. Die 1-%ige Zinserhöhung hätte einen Abfall des Anleihekurses um 17% bewirkt (Erläuterung: Um für Neukäufer der Anleihe einen Zins von 6% zu bringen, muss die Anleihe im Kurs um 17% fallen.) Dabei ist die Wirkung des Zinses umso größer, je länger das Wertpapier noch läuft.

Im Fall einer Krise ist mit einem Anstieg des Zinsniveaus und mit einem Verfall der Anleihekurse zu rechnen. Deshalb sollten Sie auf keinen Fall heute langlaufende Anleihen kaufen, sondern immer nur maximal Laufzeiten von wenigen Jahren wählen.

Kapitallebensversicherung

Vor allem das Thema Kapitallebensversicherung ist heute sehr aktuell. Solche Kapitalanlagen sind sehr weit verbreitet. Die Medien schürten die letzten Jahre große Ängste vor der Altersarmut und propagierten dazu eine private Vorsorge, da die gesetzliche Rentenversicherung in Zukunft ihren versprochenen Leistungen nicht mehr im gewohnten Umfang wird nachkommen können.

Das Grundproblem bei einer Kapitallebensversicherung ist, dass Sie sich einmal auf viele Jahre binden, nur sehr schwer wieder an Ihr Geld herankommen und zudem nicht wissen, was die jeweilige Versicherung mit Ihrem Geld macht. Aufgrund der nur noch geringen Garantiezinsen für Lebensversicherungen und der Abschaffung der Steuerfreiheit für solche ist eine Investition angesichts der von uns erwarteten Krisenzeit doch sehr gründlich zu überlegen.

Dazu kommt noch, dass die Stabilität von Versicherungen in einem Crash meist ungünstig ist. Nach dem Aktieneinbruch im Jahr 2001 veranlasste schon einmal die Finanzaufsicht Stresstests von den Versicherungen, die zum Großteil negativ ausfielen.

Wenn Sie im Vergleich zum Gesamtvermögen nur geringe Beträge dort investiert haben, können Sie überlegen, die Versicherungen wie gehabt weiterlaufen zu lassen – speziell wenn die Laufzeit bald ihrem Ende entgegengeht.

Sind größere Summen dort gebunden, sollten Sie einen teilweisen Verkauf oder die Auflösung überlegen. Für Ihr Alter sparen können Sie meist besser – dazu brauchen Sie im Allgemeinen keine Versicherung.

Kreditbelastungen

Es gibt wohl kaum eine Warnung, die wichtiger ist als die vor Krediten. Während viele Menschen heute irrtümlich annehmen, Schulden machen wäre schlau, da die Schulden in einer Hyperinflation entwertet würden, machen sie die Rechnung ohne den Wirt, und das ist die Deflation.

In einer Deflation werden Kredite real aufgewertet, da der Kaufwert des Geldes steigt. Sie müssen also immer mehr arbeiten, um den Schuldendienst sicherstellen zu können. Ist Ihnen das nicht mehr möglich, schreitet die Bank sehr schnell zur Zwangsvollstreckung des Pfandgutes.

Doch selbst wenn Sie den Schuldendienst noch leisten können, reicht es für Banken oftmals aus, wenn sich Ihre Lebensumstände ändern, um den Kreditvertrag zu kündigen. Da kann es schon ausreichen, dass Sie arbeitslos werden und deshalb die Bank auf eine Zwangsversteigerung Ihrer Immobilie drängt.

Eine andere Gefahr kommt von der Preisentwicklung des Pfandgutes her. Nimmt in einer Deflation Ihr Immobilienwert ab und sichert damit nicht mehr die Kredite ab, kann ebenfalls zwangsversteigert werden.

Verzichten Sie deshalb auf Kredite, oder zahlen Sie diese so schnell wie möglich ab!

Wie Sie den Crash Investor erfolgreich nutzen

Meine Strategie

Die Grundlage des Crash Investors beruht auf 2 Prinzipien:

- Flexibilität und Liquidität
- Breite Diversifikation

Gerade in einer Krisenzeit ist es für Sie wichtig, dass Sie jederzeit von einer Anlage in die nächste umschichten können. Das geht jedoch nur, wenn Sie Ihr Geld auch flexibel investiert haben. Das bedeutet, dass ich Ihnen im Crash Investor bevorzugt Anlagen empfehle, die Sie auch ohne Probleme jederzeit wieder verkaufen können. Nur so sind sie ausreichend liquide und können auf sich ändernde Krisenumstände rechtzeitig reagieren.

Der zweite Punkt ist eine breite Diversifizierung: Nur wenn Sie in vielen Anlageklassen aufgestellt sind, sind Sie gegen eine Krise gewappnet. Viele Anleger glauben heute, dass, wenn Sie beispielsweise nur in Gold investieren, sie dann abgesichert seien. Doch wie der deutlich schwankende – und auch immer wieder einmal sinkende – Goldpreis zeigt, sind auch Edelmetalle alles andere als hundertprozentig sichere Investments.

Da niemand sicher sagen kann, was in Zukunft am besten absichert, ist es für Sie wichtig, sich breit aufzustellen. Diese Aufstellung passe ich dann für Sie jederzeit dem aktuellen Bedrohungsszenario in der Krise an. Nicht umsonst sagt schon eine Redensart, dass man „nicht alle Eier in einen Korb“ legen soll.

Das ist auch der Grund, warum ich Ihnen im Crash Investor 6 verschiedene Depots zum Investment empfehle.

Die 6 Crash Investor-Depots für Ihre Sicherheit

Ich führe im Crash Investor verschiedene Depots für Sie. Dabei gebe ich genau an, wie viel Prozent Ihres Vermögens Sie in welches Depot geben sollten. Damit erreichen Sie eine jeweils auf die aktuelle Krisenlage genau angepasste Verteilung Ihres Vermögens auf die verschiedenen Anlageklassen (Cash, Anleihen, Edelmetalle, Rohstoffe, Aktien).

Die Aufteilung der Depots wird sich im Laufe der Zeit je nach Krisenausprägung (Deflation, Inflation, Euro-Instabilität, Währungsreform) gravierend ändern. Ich informiere Sie immer rechtzeitig.

Folgen Sie bitte exakt meinen Empfehlungen. Als Krisenexperte weiß ich genau, wie Sie in welcher Phase investiert sein sollten.

Depot 1: Das Fremdwährungs-Depot

Erklärung zum Depot:

Die Funktion des Fremdwährungs-Depots ist eine doppelte: Einmal profitieren Sie von den Wechselkursgewinnen, wenn Ihre Fremdwährungen steigen, zum anderen sichern Sie sich gegen Währungskrisen ab.

Heute sind sowohl der Euro als auch der US-Dollar angeschlagen. Der Euro hat interne Probleme, weil die an ihm beteiligten Länder nicht zusammenpassen. Früher konnten die Schwachwährungsländer durch eine eigene Währung abwerten, wenn die Wettbewerbsfähigkeit zurückging. Heute haben diese Länder mit dem Euro diesen Ausgleichmechanismus nicht mehr und können sich nur immer mehr verschulden, um ihr Handelsbilanzdefizit auszugleichen.

Das führt zwangsläufig zu immer mehr Spannungen und letztlich dem Auseinanderbrechen der Euro-Zone.

Beim US-Dollar sind es externe Faktoren, die ihn bedrohen: Kein Land der Welt hat ein solch großes Haushalts- und Handelsbilanzdefizit wie die USA. Das führt dazu, dass die Verschuldung im Ausland rapide wächst. Das wird den US-Dollar letztlich in eine Krise bringen. Dies gilt vor allem, wenn immer mehr Länder ihren Rohstoffhandel nicht mehr auf Dollar-Basis abwickeln, sondern in eigenen Währungen handeln. Dann verliert der US-Dollar sehr schnell seine eigentliche Stütze durch seinen Status als Weltleitwährung und verkommt zu einer Schwachwährung.

Das alles wird dazu führen, dass Ihre Fremdwährungen im Kurs weiter steigen werden. Ich favorisiere hier in erster Line zwei Fremdwährungen:

Schweizer Franken: Der Schweizer Franken ist die Krisenwährung schlechthin. In jeder großen Krise der vergangenen 100 Jahre – wie etwa der Weltwirtschaftskrise der 1930er Jahre – hat die Schweizer Währung an Stabilität gewonnen, während andere Währungen massiv an Wert verloren haben oder sogar kaputtgegangen sind. Mit Schweizer Franken machen Sie bei der Krise anderer Währungen Rendite.

Wie treffend meine Empfehlung war, konnten sie Anfang 2015 sehen, als der Schweizer Franken zum Euro auf einen Schlag um 20% aufwertete, weil die Schweizer Nationalbank die künstliche Obergrenze zum Euro fallen ließ. Ich hatte bereits 3 Jahre vorher im Crash-Investor angekündigt, dass diese Grenze nicht halten wird und weiter Investments in den Schweizer Franken empfohlen und hohe Gewinne angekündigt.

Investition in Norwegische Kronen: Hier gilt das gleiche wie beim Schweizer Franken. Die Norwegische Krone ist wegen der enormen Bodenschätze Norwegens (im wesentlichen Öl) eine der zentralen Krisenwährungen. Sie ist mit weitem Abstand sicherer als der US-Dollar oder auch der Euro, die beide bedroht sind.

Fremdwährungskonto: Hier empfehle ich Ihnen eine Direktbank, die ein solches Konto anbietet oder Ihre Hausbank. Achten Sie hier aber auf die Konditionen. Und auf die Sicherheit des Instituts. Außerdem bieten nicht alle Banken oder Sparkassen auch wirklich Fremdwährungskonten an.

Beim Schweizer Franken ist zudem der beste Weg direkt in der Schweiz zu investieren.

So investieren Sie in Schweizer Franken und Norwegische Kronen: Cash-Fremdwährungskonten

Sichern Sie einen Teil Ihres Cash-Bestandes in Schweizer Franken (CHF) und Norwegische Kronen (NOK). Wieso? Das erfahren Sie im Crash Investor. Die kurze Begründung lautet: Beides sind Krisenwährungen par excellence. Mit sehr hoher Wahrscheinlichkeit werden beide Währungen den Euro und Dollar nicht nur überleben, sondern in der Krise auch noch richtig an Wert gewinnen.

Um an den Kursgewinnen der beiden Währungen zu partizipieren, benötigen Sie ein sogenanntes Fremdwährungskonto. Die einfachste Lösung: Sie eröffnen in Deutschland bei einer deutschen Bank ein Fremdwährungskonto. Dazu eignen sich auch Online-Banken, bei denen Sie Schweizer Franken und Norwegische Kronen als Fremdwährung führen können.

1. Die Comdirect Bank

Ein sehr gutes und darüber hinaus noch günstiges Angebot für ein Fremdwährungskonto bietet in Deutschland die Comdirect derzeit nur für NOK an (Direktbank der Commerzbank). Bei dieser Bank können Sie für NOK das „Comdirect Währungsanlagekonto“ führen.

Die Vorteile für Sie:

- geringe Mindestanlagesumme von 500 €
- keine Kontoführungsgebühren
- täglich verfügbar
- monatliche Währungsberichte

Auch hier gilt: Die Comdirect ist eine sichere Bank, da sie Mitglied im Einlagensicherungsfonds ist.

Sie können Ihr Fremdwährungskonto bequem online verwalten. Dazu eröffnen Sie bei der Comdirect ein Konto. Bei Währungskäufen und -verkäufen fällt eine Konvertierungsgebühr von etwa 1% des Anlagebetrags an. Dies sind sehr gute Konditionen.

2. Ihre Hausbank – Ihre Alternative, falls Sie nicht über Internet verfügen!
Wenden Sie sich, wenn Sie nicht über Internet verfügen an Ihre Hausbank und fragen Sie nach einem Fremdwährungskonto für Privatkunden (Wichtig: Treten Sie nicht als Geschäftskunde auf!) Achten Sie, falls Ihre Hausbank ein Konto anbietet, auf folgende Punkte:

- keine hohen Gebühren
- tägliche Verfügbarkeit
- Sicherheit des Instituts (Mitglied im Einlagensicherungsfonds)

Wenn Sie nicht über Internet verfügen und Ihre Hausbank zudem kein Fremdwährungskonto anbietet: Fragen Sie bei sich vor Ort andere Institute! Viele machen es. Das wissen wir. Nur eben nicht jede Bank (zumindest nicht für Privatkunden und unsere Zwecke: Anders sieht es bei Geschäftskunden aus. Aber das sind wir nicht. Dies ist nicht unser Zweck für das Konto).

3. Eine weitere Alternative für Fortgeschrittene im Fall Schweizer Franken: Direkt in der Schweiz ein Konto eröffnen
Eröffnen Sie ein Fremdwährungskonto bei einer Bank direkt in der Schweiz, um dort Schweizer Franken zu verwalten. Dies ist sehr sicher, weil die Schweiz als Land und als Bankenlandschaft sicher dasteht. Für die Kontoeröffnung ist ein persönlicher Besuch nötig. Und Sie müssen nachweisen, dass das anzulegende Geld auch wirklich versteuert wurde.

Unsere Empfehlung in diesem Fall:
Baseler Kantonalbank
Spiegelgasse 2
4002 Basel
Telefon: 061 266 21 21
Telefax: 061 261 84 34
www.bkb.ch

Depot 2: Das Krisen-Gewinner-Unternehmen KGU-Anleihen-Depot

Erklärung zum Depot:

Das Krisen-Gewinner-Unternehmen KGU-Anleihen-Depot dient zur Ertragserzielung und zur weiteren Streuung Ihres Vermögens. Anleihen sind heute normalerweise sehr riskant. Nicht jedoch die Anleihen, die ich Ihnen empfehle. Denn: Es handelt sich um Krisen-Gewinner-Anleihen, d. h. also um Anleihen von Unternehmen und Staaten, die meine Krisendiagnose mit Bravour bestanden haben.

Krisen-Gewinner-Anleihen sind solche Anleihen, die von einer Krise profitieren anstatt wie die Mehrzahl in Schwierigkeiten zu geraten. Der Erfolg gibt meiner Strategie recht: Egal welche Krise wir erlebten, ob die Finanzkrise 2008 oder die Eurokrise – niemals mussten Sie hier um Ihr Erspartes fürchten. Zu jeder Zeit erzielten Sie in diesem Depot eine hervorragende Rendite mit sicheren Anleihen.

Ein Beispiel für den Erfolg ist eine 2015 abgelaufene Norwegen-Anleihe, die in gut 4 Jahren eine Rendite über 12% erwirtschaftete.

Deshalb ist dieses Depot nicht nur eine weitere Vermögensstreuung für Sie, sondern auch eine hervorragende Renditequelle mit sicheren Anleihen.

Depot 3: Das Edelmetall- und Rohstoff-Depot

Erklärung zum Depot:

Investieren Sie einen Teil Ihres Vermögens in Gold, Silber und Platin. Der Goldpreis kann schwanken, zeitweise auch fallen. Aber Gold ist für Sie eine fundamental entscheidende Versicherung gegen die Krise. Gold dient uns also nicht als Spekulationsobjekt, sondern zur Risikoabsicherung gegen Inflation.

Doch auch hier gilt: Die Mischung macht die Vermögenssicherung. Wer einseitig auf Gold und Silber setzt, macht sich völlig abhängig von den Edelmetallpreisen. Deshalb ist es wichtig, dass Sie nur die von mir empfohlenen Anteile Ihres Vermögens in Edelmetalle stecken.

Dazu kommt, dass Edelmetalle für Sie im Crash Investor kein Spekulationsobjekt sind, sondern es geht um die Absicherung Ihres Vermögens. Deshalb macht es keinen Sinn, ständig Gold, Platin und Silber bei Preisschwankungen zu kaufen oder zu verkaufen. Sie behalten Ihre physischen Edelmetalle, denn ein Kilogramm Gold, Platin und Silber werden immer ein Kilogramm bleiben, egal was der Finanzmarkt macht.

Je mehr die politischen Spannungen in einer Wirtschaftskrise steigen, desto mehr erhöht sich die Neigung, diese Energieträger durch Liefer- und Förderverknappungen im Preis steigen zu lassen – unabhängig von der Konjunkturentwicklung. Vor allem der Nahe Osten ist hier ein Pulverfass, das jeden Moment explodieren kann. Investieren Sie deshalb in jedem Fall in diese strategischen Rohstoffe.

So investieren Sie in Gold:

Investieren Sie Ihre Gold-Investments in echtes, physisches Gold. Kaufen Sie für Ihren Finanzbedarf in der Krise Goldmünzen. Darüber hinaus können Sie in Barren investieren.

Kaufen Sie Gold bei Proaurum in München (www.proaurum.de) oder bei der Degussa AG. Das gleiche gilt auch für Silber- und Platin-Investments.

Ein Goldkauf bei Ihrer Hausbank ist ebenfalls möglich. Achten Sie aber unbedingt auf den Spread, d. h. die Differenz zwischen Kauf- und Verkaufskurs. Akzeptieren Sie nur Spreads bis maximal 10%.

Neben Gold empfehle ich auch noch in physisches Silber und Platin zu investieren – beide Edelmetalle können Sie ebenfalls über die genannten Edelmetall-Händler erwerben.

Depot 4: Das Krisen-Gewinner-Unternehmen KGU-Aktien-Depot

Erklärung zum Depot:

Achtung: Bitte meiden Sie unbedingt in diesen Zeiten hohe Aktien-Quoten in Ihrem Depot. Bei 90% aller Aktien werden Sie im Crash und in der Zeit danach nur eines: verlieren. Die wenigen Krisen-Gewinner-Aktien nenne und empfehle ich Ihnen. Es handelt sich um die KGU-Aktien nach der von mir entwickelten KGU-Analyse.

Die 16 entscheidenden Kriterien meiner KGU-Analyse finden Sie nachfolgend.

Die meisten Unternehmen werden durch die Krise belastet. Viele werden insolvent gehen. Einige wenige jedoch werden genau deswegen (Schwäche der Konkurrenz) gestärkt und mit größeren Marktanteilen aus der Krise hervorgehen.

In diese Unternehmen können Sie auch jetzt investieren und mit großer Wahrscheinlichkeit davon ausgehen, dass Sie mittel- und natürlich langfristig deutliche Gewinne erzielen werden.

Dabei wird kein Unternehmen alle 16 Kriterien positiv für sich entscheiden können. Ich habe einen Algorithmus entwickelt, der aus den positiv und negativ entschiedenen Kriterien genau errechnet, ob ein Unternehmen die „KGU-Aktien-Analyse" besteht oder nicht. Sprich: Ob das Unternehmen mit hoher Wahrscheinlichkeit zu den Krisengewinnern gehört oder nicht.

Zudem ist das KGU-Aktien-Depot eine weitere Risikostreuung gegen die Krise. Krisenfeste Unternehmen werden Ihr Kapital nicht vernichten, sondern mehren. Das Investment in Sachwerte (Aktien sind Unternehmensanteile) gehört zu einer krisensicheren Geldanlage und kann gegen Inflation oder Währungsreformen absichern.

Ein Beispiel für eine erfolgreiche KGU-Aktie ist die Aktie der Deutschen Telekom, die in nur einem Jahr fast 48% Performance brachte.

Die 16 Kriterien der „KGU-Aktien-Analyse"

1. Das Unternehmen muss seit mindestens 30 Jahren am Markt sein.
   Begründung: Damit ist sichergestellt, dass das Geschäftsmodell schon viele Konjunkturzyklen erfolgreich überstanden hat.

2. Das Unternehmen muss in den vergangenen 10 Jahren stets Gewinne erwirtschaftet haben.
   Begründung: Unternehmen, die selbst in der Krise 2000 bis 2003 erfolgreich waren, sind relativ robust.

3. Der Börsenwert des Unternehmens darf nicht mehr als 1,5-fach so hoch sein wie sein Buchwert.
   Begründung: In der Krise ist der Unternehmensgewinn unberechenbar. Der Buchwert (Substanzwert je Aktie) ist dann der einzige „brauchbare" Bewertungsfaktor.

4. Das Unternehmen muss mindestens zu den Top 3 in der Branche gehören.
   Begründung: In einer Krise überleben meist nur die Top-3-Marktführer.

5. Das Unternehmen muss über anerkannte Markennamen verfügen (Kriterium: Umsatzrendite im zweistelligen Bereich).
   Begründung: In Krisen können nur Markenartikelhersteller hohe Preise durchsetzen.

6. Das Unternehmen muss eine Preismacht besitzen (hohe Umsatzrendite).
   Begründung: Da sich Deflation und Inflation abwechseln können, muss die Preismacht beim Unternehmen, nicht beim Konsumenten/Kunden liegen.

7. Die Eigenkapitalquote muss über 30% liegen.
   Begründung: Der Kredithahn wird zugedreht. Kapitalerhöhungen sind nicht durchsetzbar. Die Bilanz muss daher schon jetzt „sauber“ sein.

8. Das Geschäftsmodell darf nicht zu viel Kapital verschlingen (Investitionen dürfen weniger als 50 % des Cashflows ausmachen).
   Begründung: Unternehmen, die bei den Ausgaben schnell auf die Bremse treten können, kommen besser durch die Krise.

9. Die Aktie muss eine relative Stärke aufweisen, das heißt, sie muss besser als der Vergleichsindex abgeschnitten haben.
   Begründung: Relative Stärke deutet auf „feste“ Aktienhände hin.

10. Gewinn und Umsatz dürfen in den vergangenen 10 Jahren im Durchschnitt nicht geschrumpft sein.
    Begründung: Das Unternehmen darf nicht in einem langfristig schrumpfenden Markt agieren.

11. Der Jahresumsatz muss bei mindestens 1 Mrd. € liegen.
Begründung: Unternehmen in dieser Größenordnung werden von den Banken nicht so schnell „geopfert".

12. Der Vorstandsvorsitzende muss schon mindestens 12 Monate im Amt sein.
Begründung: Dann sinkt die Gefahr, dass der Vorstand überraschend alte Leichen im Keller findet.

13. Das Kurs-Cashflow-Verhältnis (KCV) muss unter 15 liegen.
Begründung: Der Gewinn kann vom Unternehmen durch Bilanzierungstricks leicht beeinflusst werden. Der Cashflow ist dagegen schwer manipulierbar.

14. Das Unternehmen sollte in den vergangenen 10 Jahren immer Dividenden ausgeschüttet haben.
Begründung: Das Unternehmen konnte trotz Konjunkturschwankungen stets Geld an die Aktionäre ausschütten.

15. Das Unternehmen darf nur aus potenziellen „Hartwährungsländern" kommen.
Begründung: Aktienkäufe sind auch immer Investitionen in die jeweilige Landeswährung.

16. Das Unternehmen darf nicht in einer zyklischen Branche arbeiten.
Begründung: In der Krise brechen die Gewinne der zyklischen Unternehmen am stärksten ein.

Depot 5: Das Krisen-Gewinner-Unternehmen KGU-Einkommensdepot mit hohen Dividenden

Erklärung zum Depot:

In diesem Depot setzen wir auf laufendes Einkommen in der Krise. Zahlungen (Dividenden) von Krisen-Gewinner-Unternehmen. Die Kurse interessieren uns hier nur an zweiter Stelle.

Das Investment muss sich auch über die Dividenden tragen. Hier zählt: Einkommen in Form von Dividenden. Dennoch gebe ich die Kurse gerne in jeder Ausgabe für Sie an.

Zu den KGU-Unternehmen lesen Sie bitte die Erklärungen zu Depot 4. (siehe oben)

Depot 6: Das Short-Depot

Erklärung zum Depot:

Das Short-Depot ist Ihre Absicherung in der Krise. Das Short-Depot steigt im Kurs, wenn die Krise erst einmal voll durchschlägt. Deswegen lassen Sie sich auch bitte nicht von kurzfristigen Minuspositionen verunsichern. Die Krise wird kommen. Sie wird plötzlich kommen. Dann sollten Sie hier investiert sein.

Der breite Aktienmarkt wird weitere, schwere Verluste erleiden und auf einem tiefen Niveau verharren. Besonders gefährdet: Vor allem der Versicherungsindex. Genau deswegen gehen wir in diesem Index short, d. h. wir investieren auf fallende Kurse. So können Sie von dem Zusammenbruch der Märkte profitieren.

Solange die Aktienmärkte steigen oder stagnieren, ist es ganz normal, dass Sie in diesem Depot Minus-Werte sehen. Sie sollten dieses Depot deshalb weniger von der Gewinnseite, als vielmehr von der Absicherungsseite sehen. Jede Versicherung kostet Sie solange Geld, solange der Versicherungsfall nicht eingetreten ist. Tritt jedoch der Versicherungsschaden ein, sind Sie froh, eine solche Versicherung abgeschlossen zu haben.

Auch hier ist es völlig normal, dass diese Short-ETFs ins Minus laufen, solange die Aktien insgesamt steigen. Dagegen sollten Sie dann die üppigen Gewinne durch Ihre KGU-Aktien rechnen – das heißt, Ihre Short-Werte sichern auch Ihre KGU-Aktien gegen einen Crash ab.

Deshalb sollten Sie dieses Depot niemals isoliert sehen, sondern immer nur in der Summe mit den anderen Depots.

Doch auch hier machen Sie Gewinne: Das konnten Sie im Herbst 2015 sehen, als Sie mit einem Basis-Rohstoffe-Short-ETF nach nur 4 Monaten einen Gewinn von 36% einfahren konnten. Meine Einschätzung, dass die Rohstoffpreise weiter deflationär sinken werden, hatte sich als richtig erweisen und den Lesern des Crash-Investors hohe Gewinne gebracht.

2 einfache Mittel für Ihr persönliches Risikomanagement

Warum Sie neben der Rendite auch stets das Risiko einer Investition beachten sollten

Rendite und Risiko einer Investition sind untrennbar miteinander verbunden. Wenn Sie eine höhere Rendite erzielen möchten, müssen Sie auch ein höheres Risiko in Kauf nehmen. Nutzen Sie alle Möglichkeiten, um Ihr Risiko in Grenzen zu halten, ohne auf eine attraktive Rendite zu verzichten. Auf den folgenden Seiten zeige ich Ihnen

- wie Sie das Risiko bei Einzelpositionen mit Stoppkursen begrenzen und

- wie Sie das Risiko für Ihr Gesamtdepot mittels gezielter Diversifikation (Streuung) reduzieren.

Risikobegrenzung bei Einzelpositionen: So setzen Sie Stoppkurse richtig ein

„Verluste begrenzen und Gewinne laufen lassen" – diese uralte Börsenweisheit ist auch heute immer noch eine wichtige Grundlage, um an der Börse erfolgreich agieren zu können. Die Kenntnis allein reicht jedoch nicht aus. Obwohl der Grundsatz der Verlustbegrenzung vielen Anlegern bekannt ist, handeln sie seltsamerweise oftmals genau umgekehrt.

Mit der Lösung dieses Rätsels beschäftigt sich die Behavioral Finance, ein relativ junger wissenschaftlicher Ansatz, der Psychologie und Finanzwissenschaft miteinander kombiniert. Er untersucht die irrationalen, größtenteils unbewussten Verhaltensweisen der Anleger und ihre Auswirkungen auf die Finanzmärkte.

Zu den bedeutendsten Erkenntnissen der Behavioral Finance zählt die Verlustaversion. Viele Anleger können nicht mit Verlusten umgehen. Sie vermeiden es, Verluste zu realisieren, weil sie sich ihre falsche Einschätzung beim Kauf des Wertpapiers nicht eingestehen wollen. Der Verkauf käme für sie dem Eingeständnis einer Niederlage gleich. Stattdessen hoffen sie (meist vergeblich) darauf, doch noch richtig zu liegen. Umgekehrt werden Gewinne viel zu früh realisiert, da ihnen das Gefühl des Gewinnens wichtiger ist als die Höhe des Kursgewinns. Zahlreiche Untersuchungen haben das Phänomen der Verlustaversion bestätigt. Sie führt dazu, dass sich Anleger irrational verhalten. Ihr Handeln wird durch Hoffnung geleitet, der Verstand wird ausgeschaltet.

Das folgende Beispiel verdeutlicht Ihnen die negativen Folgen dieses Fehlverhaltens. Obwohl der Anleger mit seiner Einschätzung beim Kauf in sieben von zehn Fällen richtig lag, weist sein Depot unterm Strich eine negative Performance auf. Anstatt seine Verluste zu begrenzen, hat er seine Gewinne begrenzt, weil er möglichst viele Einzelpositionen mit Gewinn abschließen wollte. Die Folge: Die wenigen Minuspositionen bestimmen die Performance des Depots.

Depot eines Anlegers ohne Stopp-Strategie

Kaufwert	Aktueller Wert	Gewinn/Verlust in %	Status
2.000 €	2.400 €	+20%	verkauft
2.000 €	2.200 €	+10%	verkauft
2.000 €	2.300 €	+15%	verkauft
2.000 €	2.300 €	+15%	verkauft
2.000 €	2.400 €	+20%	verkauft
2.000 €	2.200 €	+10%	verkauft
2.000 €	2.200 €	+10%	verkauft
2.000 €	1.000 €	-50%	im Depot
2.000 €	600 €	-70%	im Depot
2.000 €	400 €	-80%	im Depot
20.000 €	**18.000 €**	**-10%**	

Statt die Verluste zu begrenzen und die Gewinne laufen zu lassen, hat dieser Anleger es genau umgekehrt gemacht – ein weit verbreiteter Fehler. Die wenigen Verlustpositionen ziehen das gesamte Depot ins Minus.

Schauen Sie einmal in Ihr eigenes Depot. Haben Sie in der Vergangenheit auch nach dem „Prinzip Hoffnung“ gehandelt und fallende Aktien nicht verkauft?

Falls nicht, dann haben sie entweder ein sehr glückliches Händchen beim Wertpapierkauf, oder Sie gehören zu den wenigen Anlegern, die ihre Verlustrisiken konsequent mit Stoppkursen begrenzen.

Warum Sie beim Kauf eines Wertpapiers immer einen maximalen Verlust festlegen sollten

Bei meinen Empfehlungen im Crash Investor arbeite ich mit Stoppkursen, um bei den Verlusttrades (die es zwangsläufig auch geben wird) den Schaden in Grenzen zu halten. Aus diesem Grund halte ich es für wichtig, Sie mit einigen grundlegenden Informationen zu Stoppkursen vertraut zu machen.

Der systematische Einsatz von Stoppkursen zählt zu den wichtigsten Strategien der Risikobegrenzung. Damit verhindern Sie, dass Sie zu lange an falschen Entscheidungen festhalten und dabei dem weiteren Kursverlust Ihrer Aktien tatenlos zusehen. Besonders in Phasen mit einem lang anhaltenden Abwärtstrend, wie zuletzt in den Jahren 2000 bis 2002 und in der Finanzkrise 2008/2009, macht sich der Einsatz bezahlt. Wer damals konsequent Stoppkurse angewandt hat, blieb vom Schlimmsten verschont.

Natürlich kann es Ihnen beim Einsatz von Stopp-Strategien auch passieren, dass sich ein Wertpapier nach dem Verkauf wieder erholt. Dies ist dann ärgerlich, aber nicht zu vermeiden. Wichtig ist die Performance Ihres Gesamtdepots. Einen Verlust von 10 bis 20% bei einer Einzelposition können Sie verschmerzen. 50% oder mehr Verlust ohne Stoppkurs wären weit schlimmer und würden die Gesamtperformance Ihres Depots wesentlich stärker in Mitleidenschaft ziehen.

So hoch muss Ihr Gewinn sein, um vorherige Kapitalverluste bei einem Betrag von 10.000 € wieder auszugleichen

Verlust	Restvermögen	Notwendiger Gewinn
-10%	9.000 €	+11%
-15%	8.500 €	+18%
-20%	8.000 €	+25%
-25%	7.500 €	+33%
-30%	7.000 €	+43%
-40%	6.000 €	+67%
-50%	5.000 €	+100%
-60%	4.000 €	+150%
-70%	3.000 €	+233%
-80%	2.000 €	+400%
-90%	1.000 €	+900%

Ab 30% Verlust steigt der Gewinn, der notwendig ist, um den Einstandskurs wieder zu erreichen, rapide an. Ein Stoppkurs bewahrt Sie vor dem Schlimmsten.

Statt darauf zu hoffen, dass Ihre Aktien die hohen Verluste eines Tages wieder aufholen, können Sie mit Stoppkursen sicherstellen, dass Ihre Aktien erst gar keine hohen Verluste einfahren. Wenn Sie mit einer Aktie 50% im Minus liegen, muss diese Aktie um 100% steigen, damit Sie Ihr einbezahltes Geld zurück erhalten. Die Wahrscheinlichkeit für eine Wertverdoppelung ist allerdings ziemlich gering.

Bessere Aussichten, das verlorene Geld wieder reinzuholen, bietet Ihnen eine Stopp-Strategie. Nach einem Verlust von beispielsweise 15% müssen Sie mit der nächsten Investition ein Plus von 18% erreichen, um den Verlust wieder auszugleichen. Ein vergleichsweise machbares Unterfangen.

Wie Sie den richtigen Stoppkurs ermitteln

Überlegen Sie sich bereits beim Kauf eines Wertpapiers, wie viel Verlust Sie maximal hinnehmen wollen. Für Aktien empfehle ich Ihnen, den Stoppkurs 15 bis 20% unterhalb Ihres Einstiegskurses zu platzieren.

Mit nachgezogenen Stoppkursen sichern Sie Ihre Gewinne ab

Für Ihre Aktienkäufe empfehle ich Ihnen folgende Vorgehensweise: Jedes Mal, wenn das Wertpapier nach dem letztmaligen Festlegen des Stoppkurses um etwa 15 bis 20% angestiegen ist, ziehen Sie den Stoppkurs nach. So profitieren Sie von weiteren Kursgewinnen, ohne befürchten zu müssen, den aufgelaufenen Gewinn wieder vollständig zu verlieren.

Beispiel: Sie kaufen eine Aktie bei 80 €. Den Stoppkurs setzen Sie auf 68,00 € (maximaler Verlust 15%). Die Aktie steigt auf 90 €. Sie möchten wiederum maximal 15% vom aktuellen Kurswert verlieren. Ihren neuen Stoppkurs setzen Sie daher auf 76,50 €. Steigt die Aktie weiter auf 100 €, ziehen Sie den Stoppkurs auf 85 € nach.

Risikobegrenzung im Gesamtdepot: Warum eine durchdachte Diversifikation so wichtig ist

Der bekannte Grundsatz „je höher die Rendite, desto höher auch das Risiko“ gilt lediglich bei Einzelwerten.

Für mehrere Positionen zusammengenommen sieht die Sache anders aus. Durch geschickte Mischung verschiedener Wertpapiere können Sie eine Verbesserung des Rendite-Risiko-Verhältnisses Ihres Gesamtdepots erreichen.

Der folgende Chart verdeutlicht die Wirkung der Diversifikation (Risikostreuung durch Investitionen in verschiedene Wertpapiere).

Bereits ab 2 Wertpapieren ist das Risiko (in Form von Kursschwankungen) des Depots wesentlich geringer als das Risiko der beiden Einzelwerte. Die Rendite bleibt dagegen gleich.

Risikobegrenzung durch Diversifikation

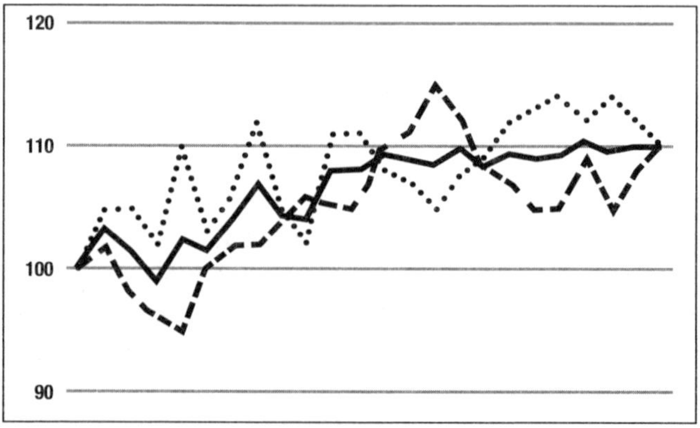

Der Chart zeigt die Entwicklungen zweier Aktien (Strich-/Punkt-Linien) und die Entwicklung des Gesamtdepots (durchgezogene Linie), welches aus den beiden Aktien besteht. Im Vergleich zu den Einzelaktien weist das Gesamtdepot wesentlich geringere Schwankungen auf. Bei gleicher Rendite ist das Risiko des Gesamtdepots geringer.

Wie Sie die Diversifikation Ihres Depots verbessern

Für eine gute Diversifikation ist es wichtig, dass die Kurse der verschiedenen Einzelwerte möglichst wenig voneinander abhängig sind (korrelieren). Je ähnlicher sich Wertpapiere sind, desto höher ist ihre Korrelation und desto schlechter die Diversifikation des Gesamtdepots.

Wenn Ihr Depot beispielsweise ausschließlich aus Aktien deutscher Automobilhersteller besteht, ist dies für die Risikostreuung denkbar ungünstig. Die Korrelation dieser Einzelwerte ist sehr hoch, eine Diversifizierung praktisch nicht gegeben. Wenn eines dieser Unternehmen schlechte Zahlen meldet, geben die Kurse der anderen Auto-Aktien voraussichtlich ebenfalls nach.

Wenn Sie stattdessen Ihre Aktien-Investments auf mehrere Branchen und Länder verteilen, verbessern Sie damit die Diversifikation Ihres Depots und mindern Ihr Risiko.

Börsenhandel leicht gemacht – alles Wissenswerte zum Wertpapierkauf

Wie Sie die richtige Bank finden

Ich empfehle Ihnen, trotz eines möglicherweise bereits vorhandenen Depotkontos bei Ihrer Hausbank vor Ort, ein Konto bei einer Direktbank einzurichten. Diese bieten Ihnen günstige Konditionen und eine umgehende Oderausführung. Direktbanken unterhalten kein Filialnetz. Sie wickeln alle Geschäfte über das Internet, Telefon oder Telefax ab. Das reduziert die Geschäftskosten erheblich. Die Einsparungen geben die Direktbanken in Form von niedrigeren Gebühren beim Kauf von Wertpapieren an Sie als Kunde weiter. Die Depotführung bei einer Direktbank ist für Sie besonders dann vorteilhaft, wenn Sie als Anleger

- sehr engagiert sind und Ihr Depot häufig umschichten,
- auf eine schnellstmögliche Abwicklung Ihrer Aufträge Wert legen,
- das Internet zur Auftragsvergabe und -überwachung nutzen und
- regelmäßig auch Hebel-Instrumente nutzen wollen, deren Kurse sich sekundenschnell erheblich ändern können.

In der Übersicht auf den folgenden Seiten finden Sie den aktuellen Leistungsstand der wichtigsten deutschen Direktbanken und Discountbroker, den Sie mit den Leistungen Ihrer Hausbank vergleichen sollten.

Denken Sie dabei daran, dass sich die in der Übersicht genannten Eckdaten innerhalb weniger Wochen verändern können. Das betrifft grundsätzlich aber auch das übrige Leistungsspektrum der Banken.

	1822direkt	comdirect
Internetadresse	www.1822direkt.com	www.comdirect.de
Telefon	069/94170-0	04106/7088
Handel mit Aktien		
Anzahl ausländischer Börsenplätze	alle	> 50
Intraday Handel	ja	ja
Außerbörslicher Handel per Telefon	nein	ja
Außerbörslicher Handel per Internet	ja	ja
Handel mit Anleihen		
Alle gehand. Papiere an deutschen Börsen	ja	ja
Außerbörslicher Handel	ja	ja
Onlineordergebühren für Aktien		
Mindestgebühr	9,90 €	9,90 €
Auftrag bis 5.000 €	keine Info	keine Info
Auftrag bis 10.000 €	keine Info	keine Info
Höchstgebühr	59,90 €	59,90 €
Zzgl. Maklergebühr im Parketthandel	0 €	2,50 €
Zzgl. Maklergebühr im Xetrahandel	0 €	1,50 €
Telefonordergebühren		
Zuschlag zur Onlineordergebühr	5,00 €	9,90 €
Limitgebühren		
Vormerkung	kostenlos	kostenlos
Änderung	kostenlos	kostenlos
Streichung	kostenlos	kostenlos
Nichtausführung	kostenlos	kostenlos
Depotkosten		
Jährl. Depotgebühr bei 50.000 €	kostenlos, mit Ausnahmen	23,40 €
Kostenlose Realtimekurse		
Kunden	ja	ja
Nichtkunden	nein	nein

	Cortal Consors	DAB bank
Internetadresse	www.cortalconsors.de	www.dab-bank.de
Telefon	01803/3031000	01802/254500
Handel mit Aktien		
Anzahl ausländischer Börsenplätze	22	20
Intraday Handel	ja	ja
Außerbörslicher Handel per Telefon	ja	ja
Außerbörslicher Handel per Internet	ja	ja
Handel mit Anleihen		
Alle gehand. Papiere an deutschen Börsen	ja	ja
Außerbörslicher Handel	nein	ja
Onlineordergebühren für Aktien		
Mindestgebühr	9,95 €	7,95 €
Auftrag über 5.000 €	9,95 €	keine Info
Auftrag über 10.000 €	9,95 €	keine Info
Höchstgebühr	69,00 €	keine Info
Zzgl. Maklergebühr im Parketthandel	2,95 €	2,90 €
Zzgl. Maklergebühr im Xetrahandel	0,95 €	1,50 €
Telefonordergebühren		
Zuschlag zur Onlineordergebühr	keine Info	10,00 €
Limitgebühren		
Vormerkung	kostenlos	kostenlos
Änderung	kostenlos	kostenlos
Streichung	kostenlos	kostenlos
Nichtausführung	kostenlos	kostenlos
Depotkosten		
Jährl. Depotgebühr bei 50.000 €	kostenlos	abhängig vom Depotwert
Kostenlose Realtimekurse		
Kunden	ja	ja
Nichtkunden	nein	nein

	Flatex	ING DiBa
Internetadresse	www.flatex.de	www.diba.de
Telefon	01805/352839	01802/445588
Handel mit Aktien		
Anzahl ausländischer Börsenplätze	10	0
Intraday Handel	ja	ja
Außerbörslicher Handel per Telefon	nein	ja
Außerbörslicher Handel per Internet	ja	ja
Handel mit Anleihen		
Alle gehand. Papiere an deutschen Börsen	ja	ja
Außerbörslicher Handel	ja	ja
Onlineordergebühren für Aktien		
Mindestgebühr	5,00 €	9,90 €
Auftrag bis 5.000 €	5,00 €	keine Info
Auftrag bis 10.000 €	5,00 €	keine Info
Höchstgebühr	5,00 €	59,90 €
Zzgl. Maklergebühr im Parketthandel	jew. Maklercourt.	2,50 €
Zzgl. Maklergebühr im Xetrahandel	keine Info	1,75 €
Telefonordergebühren		
Zuschlag zur Onlineordergebühr	flat 25,00 €	10,00 €
Limitgebühren		
Vormerkung	kostenlos	kostenlos
Änderung	kostenlos	kostenlos
Streichung	kostenlos	kostenlos
Nichtausführung	kostenlos	kostenlos
Depotkosten		
Jährl. Depotgebühr bei 50.000 €	kostenlos	kostenlos
Kostenlose Realtimekurse		
Kunden	ja	ja
Nichtkunden	nein	nein

	maxblue	Onvistabank
Internetadresse	www.maxblue.de	www.onvistabank.de
Telefon	01818/1000	069/7107-500
Handel mit Aktien		
Anzahl ausländischer Börsenplätze	26	10
Intraday Handel	ja	ja
Außerbörslicher Handel per Telefon	ja	ja
Außerbörslicher Handel per Internet	ja	ja
Handel mit Anleihen		
Alle gehand. Papiere an deutschen Börsen	ja	ja
Außerbörslicher Handel	ja	ja
Onlineordergebühren für Aktien		
Mindestgebühr	7,90 €	5,00 €
Auftrag bis 5.000 €	keine Info	keine Info
Auftrag bis 10.000 €	keine Info	keine Info
Höchstgebühr	39,90 €	25,00 € (Ausland)
Zzgl. Maklergebühr im Parketthandel	3,50 €	2,50 €
Zzgl. Maklergebühr im Xetrahandel	2,00 €	1,50 €
Telefonordergebühren		
Zuschlag zur Onlineordergebühr	9,90 €	10,00 €
Limitgebühren		
Vormerkung	kostenlos	kostenlos
Änderung	4,90 €	kostenlos
Streichung	4,90 €	kostenlos
Nichtausführung	kostenlos	kostenlos
Depotkosten		
Jährl. Depotgebühr bei 50.000 €	kostenlos	kostenlos
Kostenlose Realtimekurse		
Kunden	ja	ja
Nichtkunden	ja	nein

	easytrade (Postbank)	S Broker (Sparkasse)
Internetadresse	www.easytrade.de	www.sbroker.de
Telefon	0180/3040500	0800/2080900
Handel mit Aktien		
Anzahl ausländischer Börsenplätze	5	28
Intraday Handel	ja	ja
Außerbörslicher Handel per Telefon	ja	nein
Außerbörslicher Handel per Internet	ja	ja
Handel mit Anleihen		
Alle gehand. Papiere an deutschen Börsen	ja	ja
Außerbörslicher Handel	ja	ja
Onlineordergebühren für Aktien		
Mindestgebühr	7,95 €	8,99 €
Auftrag bis 5.000 €	9,95 €	keine Info
Auftrag bis 10.000 €	19,95 €	keine Info
Höchstgebühr	19,95 €	54,99 €
Zzgl. Maklergebühr im Parketthandel	2,02–2,97 €	0,99 €
Zzgl. Maklergebühr im Xetrahandel	3,59 €	0,49 €
Telefonordergebühren		
Zuschlag zur Onlineordergebühr	3,00 €	9,99 €
Limitgebühren		
Vormerkung	kostenlos	kostenlos
Änderung	2,50 €	kostenlos
Streichung	2,50 €	kostenlos
Nichtausführung	2,50 €	kostenlos
Depotkosten		
Jährl. Depotgebühr bei 50.000 €	bis 50.000 € 9,00 €	kostenlos
Kostenlose Realtimekurse		
Kunden	nein	ja
Nichtkunden	nein	nein

Um sich über den jeweils aktuellen Stand der Konditionen der Direktbanken, Discountbroker und großen Privatbanken zu informieren, nutzen Sie die Möglichkeiten, sich telefonisch oder auch über das Internet ein genaues Bild zu machen. Wichtige Kriterien sind: Ordergebühren, die Möglichkeit, innerhalb eines Tages zu kaufen und verkaufen (Intraday-Handel) und die Limitgebühren.

Direkthandel per Internet

Am einfachsten ist die Orderaufgabe per Internet. Hier können Sie schnell und kostengünstig Ihren Auftrag aufgeben. Aus der Tabelle auf den vorhergehenden Seiten können Sie entnehmen, dass gerade die Direktbanken diesen Weg favorisieren. Ihr Vorteil: Sie müssen nicht Stunden oder bis zum nächsten Tag warten, um zu sehen, ob und zu welchem Kurs Ihre Order ausgeführt wurde. Ob und zu welchem Kurs eine Transaktion erfolgt ist, erfahren Sie in der Regel innerhalb weniger Minuten.

Speichern ...

Speichern Sie Ihren Auftrag und später auch die Auftragsbestätigung der Bank. In der Regel sind hier alle Ihre Angaben vermerkt. Schon kurze Zeit später können Sie in Ihrem Depot sehen, zu welchem Kurs Ihr Auftrag ausgeführt wurde oder später bei Erreichen des Limits verbucht wird.

und prüfen ...

Jede Verspätung bei der Kauf- oder Verkaufsabwicklung kann Sie bares Geld kosten. Prüfen Sie daher immer, ob Ihr Auftrag auch ausgeführt wurde. Nur weil Sie Ihre Order abgeschickt haben, heißt das noch lange nicht, dass der Auftrag von der Bank auch an die Börse weitergeleitet wurde.

Besonders wichtig ist die Dokumentation Ihres Auftrags, wenn Sie am Direkthandel teilnehmen. Bei dieser Handelsart stellt Ihnen die

Bank für wenige Sekunden einen garantierten Kurs. Sie können entscheiden, ob Sie Ihre Order zu dem gestellten Kurs ausführen lassen oder ob Sie sich später einen neuen Kurs stellen lassen, der dann eher Ihren Vorstellungen entspricht. Wenn Sie das Angebot annehmen und bestätigen, wird Ihre Order zu dem gestellten Kurs garantiert ausgeführt.

Orderaufgabe per FAX oder telefonisch

Ich empfehle Ihnen, nur solche Haus- und Direktbanken zu nutzen, bei denen Sie die Möglichkeit haben, Ihre Aufträge auf jeden Fall (auch) per Fax aufzugeben. Die Weitergabe per Fax ist aus Dokumentationsgründen besser als die Orderaufgabe per Telefon. Lassen Sie sich von Ihrem Faxgerät dazu immer auch gleich ein Sendeprotokoll ausdrucken, auf dem die Uhrzeit der Weitergabe und die Faxnummer aufgedruckt sind, damit Sie bei Reklamationen über entsprechende Unterlagen verfügen. Jede Bank sollte heute in der Lage sein, eine Faxorder innerhalb von 30 Minuten an die Börse zu bringen.

Beispiel eines Sende-Protokolls
Absender-FAX-Nr.: 02 28/8205 7618
Empfänger-FAX-Nr.: 0 89/85 17 39 48
Anfangs-Zeit: 08.23 Uhr
Datum: 02.07.2013
FAX-Protokoll-Nr.: 7834

Bei größeren Aufträgen oder der Notwendigkeit, vorgeschlagene Limits zu überprüfen und der sich schnell verändernden Marktlage anzupassen, sollten Sie auch die Möglichkeit haben, Ihre Order telefonisch oder per Internet aufzugeben. Versäumen Sie es bei telefonischen Bankgeschäften aber nicht, sich genaue Notizen über den Zeitpunkt und die anderen Spezifikationen Ihrer Order zu machen, damit Sie bei verspäteter oder Nichtausführung Ihres Auftrags etwas Schriftliches in der Hand haben.

An Bank ..... ***Fax-Auftrag (Muster)***

z. H. ....

Orderfax: ....

aufgegeben um .... Uhr

Protokoll Nr. ....

o **Kaufen** o **Verkaufen**

Sie für mich zu Gunsten/Lasten

meines Depotkontos Nr. ....

Dispositionskontos Nr. ....

Name des Wertpapiers: ....

WKN/ISIN: ....

Stk.	billigst/ bestens	Kurslimit/ Währung	gültig bis	Börsenplatz
....	o	...../.....	....	
....	o	...../.....	....	
....	o	...../....	....	

Absender.................................

Unterschrift: ....

Telefon: ....

Fax: ....

Geben Sie Ihre Aufträge nach dem Muster auf, das auf der vorigen Seite abgebildet ist.

Wo Sie am besten Ihre Order aufgeben

Achten Sie dabei darauf, Ihre Aufträge gezielt an die Börse(n) zu geben, an der (denen) normalerweise die höchsten Wertpapierumsätze stattfinden. Dann ist Ihre Chance umso größer, dass Ihre Ordervorgaben auch erfüllt werden können.

Bei jeder meiner Empfehlungen im Crash Investor erhalten Sie genaue Hinweise darauf, wie und wo Sie Ihre Order am besten platzieren können. Meist wird dies der Xetra-Handel oder das Frankfurter Parkett für Aktienorders und die Stuttgarter Börse für Zertifikate sein.

EUWAX-Handel an der Stuttgarter Börse

An der EUWAX, in Stuttgart, werden aktuell mehr als 427.000 Wertpapiere gelistet. Sie ist damit das größte europäische Handelssegment für verbriefte Derivate. Diese werden unterteilt in

- Hebel- (Optionsscheine, Knock-out-Produkte) und

- Anlageprodukte (Anlagezertifikate, Aktienanleihen).

Die Preise werden von Skontroführern (Börsenmaklern) festgestellt, d. h. es erfolgt keine automatische Zusammenführung von Kauf- und Verkaufsorders, wie es bei vollelektronischen Handelssystemen der Fall ist.

Der Skontroführer schützt nämlich die im Derivatemarkt schwächere Position des Anlegers dadurch, dass er den Market-Maker zur verbindlichen Quotierung auffordert, ohne ihm den Inhalt des ihm vorliegenden Anlegerauftrags mitzuteilen. So erfährt der Market-Maker der Emissionshäuser z. B. nicht, wie viel Sie maximal pro Optionsschein zu zahlen bereit sind. Ihre Order wird daher nicht automatisch zu Höchstpreisen ausgeführt.

Market-Maker stellen den Referenzmarkt für die Hebel- und Anlageprodukte dar und sind in der Regel identisch mit dem Emittenten der Produkte. Die EUWAX-Richtlinien verpflichten die Market-Maker, während der Handelszeit für ein bestimmtes Mindestvolumen fortlaufend An- und Verkaufspreise für ihre Produkte zu stellen, was zur Erhöhung der Liquidität führt. Der Emittent, also die Bank, die ein Wertpapier ausgegeben hat, tritt als Handelspartner auf.

Limit-Kontroll-System

Ein sogenanntes Limit-Kontroll-System überprüft permanent, ob ein eingehender Auftrag ausführbar ist. Dabei wird nicht nur überwacht, ob der Auftrag gegen andere Kundenaufträge im eigenen Orderbuch, sondern auch, ob er innerhalb der vom Market-Maker veröffentlichten Quoten ausführbar ist. Ist nach der Plausibilitätsprüfung des Skontroführers eine markt- und regelgerechte Preisfeststellung zu bejahen, stellt er den Preis fest und führt den Auftrag des Anlegers aus.

Best-Price-System

An der EUWAX gilt das „Best-Price-Prinzip“. Wenn Wertpapiere an einem Referenzmarkt (zum Beispiel Börse Frankfurt) günstiger angeboten werden, dürfen die Wertpapiere in Stuttgart nicht teurer als in Frankfurt gehandelt werden.

Für die klare Kennzeichnung: WKN, ISIN und US-Kürzel

Damit Sie jede Empfehlung des Crash Investor beim Kauf und Verkauf eindeutig zuordnen können, erhalten Sie stets die WKN und die ISIN, für Orders an US-Börsen zusätzlich das US-Kürzel.

WKN ist die Abkürzung für Wertpapierkennnummer. Jedes börsennotierte Wertpapier hat eine eigene Nummer, damit es eindeutig identifiziert werden kann. Die WKN gilt nur in Deutschland und ist immer sechsstellig. Beispiel: Die WKN von BMW lautet 519003.

Um den internationalen Börsenhandel zu erleichtern, gibt es seit einiger Zeit die ISIN (International Security Identification Number). Mit dieser zwölfstelligen Kennnummer können Sie auch im Ausland Wertpapiere zuordnen und ordern. Die ISIN beginnt mit dem zweistelligen Ländercode (in Deutschland: DE). Anhand des Ländercodes können Sie das Ursprungsland erkennen.

Beim Kauf und Verkauf von Wertpapieren reicht es, wenn Sie die WKN oder die ISIN angeben. Mittelfristig soll die internationale ISIN die deutsche WKN vollständig ersetzen.

Beispiel: Die ISIN für BMW lautet DE0005190037.

Beachten Sie: Bei den ISIN-Kennzahlen werden die beiden Buchstaben „O“ und „I“ nicht verwendet, weil sie zu leicht mit den Ziffern „0“ und „1“ verwechselt werden könnten. Die ISIN enthält bei deutschen Werten das Länderkürzel „DE“, dreimal die Null „000“ und die WKN. Die letzte Zahl ist eine Prüfziffer.

Absicherung mit Edelmetallen: So setzen Sie diese Strategie um

Physisches Edelmetall ist als Grundabsicherung für Sie unverzichtbar

Lange Zeit führten die Edelmetalle ein Schattendasein – doch spätestens seit 2001 hat sich das geändert. Damals begann der langfristige Aufwärtstrend bei Gold und Silber. Vom Tief bei rund 250 Dollar pro Unze ging es in der Spitze auf bis zu 1.900 Dollar nach oben.

Aber dennoch stehen sich auch heute noch die Goldfans und die Goldkritiker stark gegenüber. Ich nehme dabei eine mittlere Position ein: Ich halte Gold als Absicherung in einem breit aufgestellten Depot für unverzichtbar. Gleichzeitig warne ich aber auch vor einer zu großen Gewichtung von Edelmetallen.

Die Entwicklung seit 2011 hat eben auch gezeigt: Auch bei Gold und Silber geht es nicht immer nach oben. Das Risiko für Rückschläge ist gegeben. Daher sind Anteile von 60 bis 80% wie sie von einigen Edelmetallexperten gegeben werden, meiner Ansicht nach fahrlässig. Bei solchen Gewichtungen ist ein ausgewogenes Risikomanagement nicht gewährleistet.

Aber vor allem ist Gold auch ein emotionales Investment, wie es sonst kaum eines gibt. Der glühenden Verehrung der Fans steht die totale Ablehnung anderer Investoren gegenüber. Viele Goldfans sehen das Edelmetall als einzige Rettung vor dem bevorstehenden Crash an. Doch diese Sicht der Dinge bringt unnötig Emotionen mit ins Spiel. Und Emotionen sind auch bei der Geldanlage oft kein guter Ratgeber. Im Goldpreis ist auch immer viel Spekulation mit enthalten. Stellen Sie sich doch einfach nur mal die Frage: Was ist eine Unze Gold wirklich wert? Sie werden sehen wie schwer eine Antwort darauf zu finden ist.

Im Crash Investor setzen wir aber schon seit Anfang an auf eine ausgewogene Beimischung an Edelmetallen – und das vor allem in physischer Form. An dieser Stelle soll es nun darum gehen, wie Sie am besten in Edelmetalle investieren. Dabei liegt der Schwerpunkt auf der physischen Form wie wir sie auch im Crash Investor bevorzugen.

Richtig in Gold und Silber investieren

Im asiatischen Kulturraum zählen Edelmetalle zu den wichtigsten Geldanlagen. Auch bei uns in Europa war es bis in die 1970er Jahre hinein üblich, einen Teil seines Vermögens in Edelmetallen angelegt zu haben. Es galt über Jahrzehnte hin als Faustregel etwa zehn Prozent seines Vermögens in Gold und Silber angelegt zu halten. Drohten besondere Krisen, konnte es sogar sinnvoll sein den Edelmetallanteil kurzfristig zu erhöhen und ihn nach der Krise auf ein Normalmaß zu reduzieren.

An dieser historisch bewährten Maxime sollten Sie auch heute festhalten – vor allem wo große Krisen vor uns liegen. Und gerade in großen Krisen haben Gold und Silber ihre schützende Funktion eindrucksvoll unter Beweis gestellt. Nun bietet die Vergangenheit keine Gewähr für die Zukunft, doch gibt es viele gute Gründe, warum die Edelmetalle auch in den zukünftigen Krisen ihre Schutzfunktion bewahren werden. Der wichtigste Grund ist ihre physische Existenz und damit der fehlende Forderungscharakter.

Um als langfristig orientierter Investor von den attraktiven Chancen der Edelmetalle profitieren zu können, bieten sich verschiedene Wege an. Aber nicht alle Wege sind gleich gut und auch wirklich für eine Krisenabsicherung geeignet oder passen in die Strategie des Crash Investors. Ich gehe sogar noch weiter: Einige Wege enthalten so viele Gefahren, dass sie mit Blick auf die Risikominimierung gar nicht erst beschritten werden sollten.

Solide Basis im Crash Investor: Physisches Gold, Silber und Platin

An physischen Edelmetallen führt als Basisanlage zur Absicherung kein Weg vorbei. Als Basisinvestment ist physisches Gold, Silber und Platin im eigenen Besitz, zum Beispiel in Form von Barren und Münzen, völlig ausreichend. Der Besitz von physischem Gold, Silber und Platin bietet Ihnen Vorteile, die andere Anlageformen gar nicht bieten können. Der wichtigste Vorteil einer Goldmünze oder eines Silber- bzw. Platinbarrens ist die physische Existenz. Der Barren ist da, er ist vollständig bezahlt und er ist in Ihrem Besitz. Niemand außer Ihnen hat auf den Barren Zugriff und Sie sind im Gegenzug niemanden etwas schuldig. Mit anderen Worten: Physisches Gold, Silber und Platin haben keinen Forderungscharakter.

Sie können diesen Aspekt kaum hoch genug einschätzen, denn nahezu alle Kapitalanlagen – mit Ausnahme der physischen Rohstoffe – haben einen Forderungscharakter. Als Vermieter einer Immobilie haben Sie eine Mietforderung an Ihren Mieter, als Besitzer eines festverzinslichen Wertpapiers eine Zinsforderung gegen den Schuldner und als Aktionär eine Forderung auf Beteiligung am Unternehmensgewinn (Dividende) gegenüber dem Unternehmen.

Sie sehen: Unser Wirtschaftssystem besteht aus einer Fülle von Forderungen. Eine Forderung gegenüber einem dritten zu besitzen, ist an sich weder gut noch schlecht. Sie sollten dabei nur berücksichtigen, dass Forderungen ausfallen können. Ein Mieter kann zahlungsunfähig oder eine Anleihe notleidend werden und ein Unternehmen kann Konkurs anmelden.

Da wir alle in einer Kette von Forderungen stehen, ist es sinnvoll, wenigstens einen Teil seines Vermögens in einem Bereich angelegt zu haben, der keinerlei Forderungscharakter trägt. Die meisten Investoren denken hier primär an das Gold. Doch auch Silber und Platin bietet Ihnen dank seiner industriellen Nutzung und der sich abzeichnenden Knappheit einen starken Schutz.

Wichtig: Halten Sie die Edelmetalle in Ihrem Besitz

Deshalb sind physisches Gold und Silber als Basisanlage für Sie geeignet. Halten Sie die Edelmetalle aber selbst. Sie sollten nicht nur der Eigentümer, sondern auch der Besitzer der Edelmetalle sein. Über Edelmetalle im eigenen Besitz kann jederzeit verfügt werden, auch an Sonn- und Feiertagen.

Deshalb mein Ratschlag: Kaufen Sie für Ihre persönliche Absicherung physisches Gold, Silber und Platin, halten Sie es in Ihrem persönlichen Besitz, sodass Sie jederzeit ohne Schwierigkeiten darauf zugreifen können. Darüber hinaus sollten Sie die günstigen Rohstofftrends nutzen. Kurzfristige Chancen am Rohstoffmarkt haben wir schon mit Rohstoffaktien ausgenutzt.

So erwerben Sie physische Edelmetalle richtig

Zunächst einmal sollten Sie folgenden Ratschlag beherzigen: Zahlen Sie keine Sammleraufschläge. Orientieren Sie sich am reinen Metallwert. Für eine Kapitalanlage in Edelmetallen sind reine Sammlermünzen deshalb ungeeignet. Den Preis, den Sie hier im Ankauf bezahlen, liegt weit über dem Metallwert. Sie benötigen hohe Preissteigerungen nur um die überzogene Spanne aufzuholen.

Auf den Feingehalt kommt es an

Daher gilt auch für Edelmetallkäufe der reine Metallpreis. Dieser hängt einzig und allein vom Feingehalt ab. Er wird in 1.000stel Anteil angegeben. Das sogenannte Sterling-Silber weist zum Beispiel einen Feingehalt von 925 auf. Das heißt: Auf ein Kilogramm kommen 925 Gramm Feinsilber und 75 Gramm Fremdbestandteile. Achten Sie also beim Edelmetallkauf auf jeden Fall auf den Feingehalt. Nicht immer wird der Feingehalt auf Barren oder Münzen angegeben. Kaufen Sie deshalb nur Edelmetalle deren Feingehalt auf dem Metall angegeben ist.

Immer wieder interessant sind auch Münzserien wie die modernen deutschen 10-Euro-Silbermünzen oder auch historische 1-Mark Münzen aus dem Kaiserreich. Der Vorteil dieser Münzserien: Sie haben strikt festgelegt Maße und Gewichte. Diese Spezifikationen und auch die aktuellen Preise finden Sie in Münzkatalogen oder der entsprechenden Fachliteratur.

Bank oder Edelmetallhandel: Wo kaufen Sie am besten?

Wenn Sie Edelmetalle bei Banken oder Edelmetallhändlern kaufen machen Sie auf jeden Fall schon einmal alles richtig. Auf diesem Weg sind Sie vor Fälschungen sicher. Daher sollten Sie andere Quellen wie Internetauktionshäuser z.B. Ebay für den Edelmetallkauf nicht einsetzen. Zudem liegen die Preise dort über dem aktuellen Marktniveau. Viele Edelmetallhändler passen auch die Preise täglich an. Bei schnellen Preisbewegungen können Sie hier direkt profitieren.

Banken waren einmal eine bevorzugte Adresse für den Edelmetallhandel. Doch das ist nicht mehr so. Dieser Geschäftszweig ist in den Hintergrund getreten und wird von vielen Banken zwar noch angeboten – aber mit Nachteilen für den Kunden. Dazu gehören lange Lieferfristen und hohe Kosten. Kurzum: Bevorzugen Sie Edelmetallhändler. Dort können Sie entweder in ein Ladenlokal in Ihrer Nähe gegen. Mittlerweile haben immer mehr Händler auch Zweigstellen in ganz Deutschland eröffnet.
Oder Sie nutzen die bequemen Onlineshops oder setzen auf die persönliche Beratung am Telefon – auch das ist möglich. Hier erhalten Sie dann Tagespreise, die sich relativ nahe am Meterpreis orientieren. Eine Übersicht einiger Edelmetallhändler finden Sie am Ende des Kapitels.

Achten Sie auch auf die richtige Stückelung

Welche Stückelung Sie bevorzugen sollten, hängt von verschiedenen Faktoren ab, die sowohl den An- als auch Ihren späteren Verkauf betreffen. Beim Kauf ist für Sie entscheidend, ob Sie für kleinere Stückelungen Aufpreise bezahlen müssen und wenn ja, wie hoch diese sind.

Bei Banken sind insbesondere die kleinen Stückelungen verhältnismäßig teuer. Hier gilt die Faustregel: Je höher das Gewicht desto näher orientiert sich der Preis am aktuellen Preis beim Londoner Fixing. Leider ist es so, dass auch der Edelmetallhandel kleinere Stückelungen oft nur mit einem Aufpreis verkauft. Einzelne Händler verzichten jedoch auf diese Aufschläge und orientieren sich ausschließlich an den Größen: Feingehalt, Gewicht und dem aktuellen Fixingpreis in London.

Nach solchen Händlern sollten Sie suchen, weil sich hier für Sie der Kauf auch kleinerer Gewichtsgrößen lohnt. Sie können sich dann selbst einen eigenen Edelmetallsparplan zusammenstellen und monatlich einen festgelegten Anteil kaufen. Gängige Größen sind hier ein Kilogramm Silber und eine Feinunze Gold.

Steht Ihnen ein solcher Händler nicht zur Verfügung, sollten Sie sich für die größeren Barren und auch gängige Anlagemünzen (im Fachjargon auch Bullion-Coins genannt) entscheiden. Gängige Goldmünzen sind beispielsweise der Maple Leaf (Kanada), Nugget (Australien), Krügerrand (Südafrika) oder auch der Wiener Philharmoniker (Österreich).

Große Barren beginnen im Goldbereich ab 100 Gramm aufwärts. Beim Silber zählen Barren über 500 Gramm zu den großen Barren. Das Angebot reicht hier sogar bis zu 1.000 Unzen, was 31,1 Kilo entspricht. Im Unzen-Bereich sind beim Silber bekannte Münzen der Maple Leaf (Kanada), der American Eagle (USA) und seit 2007 auch der Wiener Philharmoniker (Österreich).

Platin können Sie ebenfalls entweder als Münzen oder Barren erwerben. Empfehlenswert sind hier 1-Unze-Münzen oder Barren mit maximal 100 g Gewicht.

Im Edelmetallhandel spricht man von sogenannter bankfähiger Ware. Diese Münzen beziehungsweise Stückelungen zeichnen sich dadurch aus, dass sie weltweit problemlos identifiziert und bewertet werden können. Das allein ermöglicht Ihnen jederzeit einen Verkauf zu fairen Konditionen. Im Gegensatz dazu sind privat geprägte Silber- und Goldmünzen ohne Angabe des Feingehalts nur schwer zu bewerten und werden daher im Zweifelsfall nicht angenommen.

Das müssen Sie zur Lagerung von Edelmetallen wissen

Grundsätzlich stellt sich bei der Lagerung der Edelmetalle die Frage: Schließfach oder heimischer Tresor. Für die Einrichtung eines Bankschließfaches werden in der Regel Gebühren fällig. Diese zusätzlichen Kosten von zirka 40 Euro können Sie sich sparen, wenn Sie zu den 75% der Deutschen gehören, die über einen Tresor verfügen. In einer Hausratversicherung sind im Haus gelagerte Wertsachen, auch Edelmetalle bis zu einer bestimmten Höhe mitversichert. Die konkrete Höhe entnehmen Sie bitte Ihrer Versicherungspolice.

Reicht die versicherte Summe in der Höhe nicht aus, ist der Versicherungsschutz anzupassen. Silberbesitzer können mit geringen Zusatzkosten ihre Police an die neue Situation anpassen. Sie fahren mit dieser Variante in der Regel günstiger als mit einem Bankschließfach. Ein vielfach gegen den physischen Erwerb von Edelmetallen angeführtes Argument verliert damit für die meisten Gold- und Silberbesitzer seinen Schrecken.

Eine Auswahl an Bezugsquellen für physische Edelmetalle in Deutschland:

Pro aurum GmbH & Co. KG
Grillparzerstr. 46
81675 München

Telefon: 089/550 548-0
Online-Shop: www.proaurum.de
E-Mail: info@proaurum.de

Zusätzlich zum Stammhaus in München noch Zweigstellen in Berlin, Bad Homburg, Dresden, Düsseldorf, Stuttgart und Hamburg. In Österreich ist Pro Aurum in Wien vertreten.

Degussa Goldhandel
Promenadeplatz 12
80333 München
Telefon: 069 – 860068 200
Online-Shop: www.degussa-goldhandel.de
E-Mail: shop@degussa-goldhandel.de

Zusätzlich zum Online-Handel gibt es noch Zweigstellen in Berlin, Hamburg, Köln, Stuttgart, München und Frankfurt.

Anlagechance Edelmetalle: Darauf müssen Sie achten

Der Absturz der Edelmetalle seit Herbst 2011 traf die allermeisten Experten und Investoren völlig überraschend. Ich hingegen habe schon seit längerer Zeit davor gewarnt. Schon 2012 schrieb ich meinen Lesern: „Gold und Silberanlagen sind keine Einbahnstraße. Auch diese Anlageklasse ist vor Rückschlägen nicht sicher."

Wie falsch viele Goldprognosen selbst noch im Jahr 2013 waren, konnten Sie damals sehen: Da waren sich die Experten auch wieder einig: Auch 2013 wird ein gutes Jahr für Gold. In einem Artikel der BILD-Zeitung zu den Aussichten 2013 hieß es: „Der Goldpreis wird auch im kommenden Jahr weiter steigen."

Laut DZ-Bank „... bleibt Gold auch 2013 im Aufwärtsmodus. Die Unsicherheit über die zukünftige Inflationsentwicklung wird zu einer weiterhin erhöhten Sachwerteorientierung der Investoren führen. Gold wird unseres Erachtens in zwölf Monaten bei 2.050 Dollar pro Unze stehen."

Die Experten der LBBW prognostizierten Ende 2012 ein Jahresendziel beim Gold von 1.850 Dollar pro Unze. Beim Silber gab die Commerzbank sogar ein Preisziel von 40 Dollar pro Unze aus. Doch in sehr kurzer Zeit sackten die Preise für Gold und Silber auf die niedrigsten Stände seit 2010 ab.

Doch die Gründe für den zuvor erlebten starken Anstieg bei den Edelmetallen sind ja immer noch vorhanden, denn die Schuldenkrise ist weit davon entfernt gelöst zu sein.

Mit dem Goldstandard zum Goldbesitzverbot

Regelmäßig wird ein neuer Goldstandard gefordert. Das ist nicht nur gefährlich – es würde auch gar nicht mehr funktionieren.

Je deutlicher die Krisensymptome des Geldsystems werden, umso mehr Menschen sehnen sich dabei nach scheinbarer „Stabilität", die sie in einer Kopplung der Geldmenge an das Gold, den Goldstandard, zu finden hoffen. Genau das wird auch oftmals in den Medien propagiert – die Zeitung „Die Welt" etwa brachte einen Artikel unter dem Titel: „Warum der Goldstandard doch funktioniert" und lobte diesen als „Erfolgsgeschichte". Doch das alles ohne zu zeigen, wohin so ein Goldstandard heute führen würde. Unter dem Goldstandard – das ist mir schon länger klar – wären auch für Sie die Lebensbedingungen erheblich schwieriger, als sie es heute schon sind.

Dazu erschien ein sehr guter Artikel in der Zeitung „Die Zeit" mit dem Titel: „Gold das nicht glänzt". Darin beschreibt der Autor Mark Schieritz, warum es unsinnig ist, die Geldmenge an Gold zu koppeln und warum das immer wieder zu Krisen geführt hat: Seiner Meinung nach war der Goldstandard der Hauptgrund dafür, dass sich der Börsencrash des Jahres 1929 zu einer Depression entwickelte. Der Autor schließt seinen Artikel mit den Worten:

„Das Gold wird uns nicht erlösen, die Welt unübersichtlich bleiben – und die 1.546 Tonnen (der Bundesbank) aus New York sollte man im Atlantik versenken." Damit zeigt der Autor, was ich auch denke: Der Goldstandard ist keine Lösung für die heutigen Probleme, sondern eine zusätzliche Gefahr für Sie. Wenn die Geldmenge an Gold gekoppelt ist, dann hat weder die Politik noch die Notenbank irgendeine Möglichkeit, einer Krise entgegenzuwirken – dann rutscht die Wirtschaft unmittelbar in eine schwere Depression und Dauer-Deflation, ähnlich der Weltwirtschaftskrise, ab.

Für einen neuen Goldstandard fehlt es an Gold

Doch ich sehe in der heutigen verbreiteten Forderung nach einem Goldstandard noch eine weitere direkte Gefahr für Sie: Für einen neuen Goldstandard bräuchten die Staaten eine sehr große Menge Gold. Die wird nur dadurch beschaffbar sein, wenn privater

Goldbesitz verboten und das Gold zu einem festgelegten niedrigen Preis eingezogen wird. Genau das konnten Sie unter der Weltwirtschaftskrise in den USA beobachten: Privater Goldbesitz wurde damals bei Androhung hoher Gefängnisstrafen verboten und erst dann wieder erlaubt, als der Bretton Woods Goldstandard 1971 fallengelassen wurde.

Wer für privaten Goldbesitz ist, der sollte deshalb auf keinen Fall einen Goldstandard gutheißen. Deshalb sollten Sie auch unbedingt zwischen einem sinnvollen privaten Goldbesitz und der Forderung nach einem Goldstandard unterscheiden – die Goldstandard-Propagandisten versuchen das immer als ein- und dasselbe darzustellen.

Da ich damit rechne, dass die Entscheidungsträger rein gar nichts aus der Geschichte gelernt haben und so eine Dummheit wie den Goldstandard nochmals machen werden, rate ich Ihnen dringend, nicht auf die Propaganda dafür hereinzufallen. Darüber hinaus sollten Sie Gold möglichst anonym, ohne Registrierung kaufen, um sich vor einem möglichen Goldbesitzverbot zu schützen.

Sie sehen: Die Welt ist nicht so einfach, wie es manche Propagandisten mit dem Goldstandard – nicht ohne Eigennutz, denn sie verdienen oftmals am Gold – darstellen. Viel besser als diesen Rattenfängern nachzulaufen, ist es für Sie, sich selber eine Meinung zu bilden.

Die Goldreserven gehören nach Deutschland

In diesen Tagen läuft eine Diskussion über die Lagerung der deutschen Goldreserven im Ausland. Immerhin will die Bundesbank Teile zurückholen. Zunächst einmal ist es sehr positiv, dass Deutschland nach den USA über die zweitgrößten Goldreserven der Welt verfügt. Laut der jüngsten Angaben der Bundesbank belaufen sich die deutschen Goldreserven auf eine Menge von 3.400 Tonnen.

So weit so gut. Doch ein Großteil des Goldes lagert nicht in Deutschland sondern u. a. in New York in Räumen der US-Notenbank Fed. Das ist nun ein Stein des Anstoßes. Die Bundesbank gibt immerhin an, dass zwei Drittel des Goldes im Ausland lagern. Daraus ergibt sich ein Wert dieser Reserven von 150 Mrd. €. Zusätzlich hat es noch keine Prüfung auf die Echtheit des Goldes gegeben. Genau das hatte aber kürzlich der Bundesrechnungshof angemahnt.

Bei der Kritik stützt sich der Bundesrechnungshof auf ein Gesetz, wonach die Bundesbank verpflichtet ist, regelmäßig die Echtheit der Goldreserven zu prüfen. Das ist bislang nicht geschehen. Immerhin reagiert jetzt die Bundesbank und wird in den kommenden drei Jahren jeweils 50 Tonnen Gold nach Deutschland zurückholen.

Immer mehr Politiker fordern ein Zurückholen der Goldreserven

Für den CSU-Bundestagsabgeordneten Peter Gauweiler ist das zu wenig. Er hatte schon vor einem Jahr gefordert, die Goldreserven komplett nach Deutschland zurückzuholen. Seiner Einschätzung nach wäre das Risiko zu groß, dass durch die bestehenden Milliardenbürgschaften irgendwann Gläubiger dazu übergehen könnten, auf das deutsche Gold zurückgreifen zu wollen.

Ins gleiche Horn stößt nun auch FDP-Fraktionschef Rainer Brüderle. Er fordert ebenfalls ein aktives Zurückholen der Goldreserven nach Deutschland. Brüderle sagte dazu: „Ich glaube, dass wir in Deutschland geeignete Gebäude für die Lagerung haben." Zudem plädiert er dafür, dass „wir bei den Reserven immer mal wieder nachzählen".

Diese Initiative kann ich nur unterstützen. In der bevorstehenden Krise sollte die Bundesregierung auf jeden Fall den kompletten Zugriff auf die deutschen Goldreserven haben. Der große Anteil der Lagerung im Ausland hatte zudem vor allem historische Gründe, die heute nicht mehr greifen. So sollten die deutschen

Goldreserven in Zeiten des Kalten Krieges bei einem möglichen Krieg mit dem Warschauer Pakt vor einem Zugriff des kommunistischen Lagers geschützt sein.

Weit mehr als 20 Jahre nach dem Fall der Mauer ist es nicht mehr angesagt, die deutschen Reserven im Ausland zu lagern. Stellen Sie sich nur vor, wie groß der Aufschrei in den USA wäre, wenn dort ein Großteil der Reserven eben nicht in den Räumen der eigenen Zentralbank gelagert werden würde.

Das Zurückholen von 150 Tonnen ist ein erster Schritt – doch das Ziel muss es sein, die kompletten Reserven wieder nach Deutschland zu holen.

Ausblick: Das steht uns in den USA und der Euro-Zone bevor

Die USA leiden unter einem noch größeren Schuldenproblem als die Euro-Zone. Und dazu tragen gleich zwei Faktoren bei: Das ist zum einen das massive Handelsbilanzdefizit und dann auch noch das massive Haushaltsdefizit.

In der Euro-Zone belasten die Verpflichtungen aus dem ESM-Vertrag schon jetzt die einzelnen Nationen – und diese Belastung wird noch auf Jahrzehnte hinaus andauern. Und durch die heftigen Bestimmungen sprechen einige Experten schon von einem neuen Vertrag von Versailles. Dieser völkerrechtliche Vertrag kann eben nicht so einfach von den nationalen Parlamenten aufgelöst werden.

Zudem genießt das Direktorium des ESM Immunität. Sollte es also zu Unregelmäßigkeiten bei der Vergabe der ESM-Milliarden kommen, wären diese Mitglieder nicht dafür zur Rechenschaft zu ziehen. Würde also ein Mitglied des Direktoriums einen Auftrag für eine Luxusjacht einer griechischen Werft geben, könnte er immer als Begründung die Förderung von Arbeitskräften in Griechenland heranziehen. Mit ernsthaften Konsequenzen müsste er aber wegen der bestehenden Immunität nicht rechnen.

Das ist aber nur ein Aspekt des ESM. Dieser Vertrag wird aufgrund der massiven Belastungen auch noch dazu führen, dass unsere Enkel für die Euro-Rettung bezahlen werden. Im Hintergrund werden jetzt schon drastische Szenarien durchgespielt – davon können Sie ausgehen. Und sollte es tatsächlich zum Zusammenbruch Spaniens oder auch Italiens kommen, wären die Mittel des ständigen Rettungsschirms sehr schnell aufgebraucht.

Zudem müsste dann Deutschland sehr schnell auch viel mehr als die bisher festgelegten 27% der hinterlegten Beiträge zahlen. Für mich ist die gesamte Euro-Rettung ein Fass ohne Boden, bei dem

Deutschland wegen der noch vorhandenen Finanzkraft noch sehr viel mehr Geld wird zahlen müssen, als jetzt schon absehbar ist.

Angst treibt Immobilienpreise an – das ist schon jetzt eine Blase

Die Angst in weiten Teilen der Bevölkerung vor der Entwertung des Geldes treibt so auch seltsame Blüten. Ein Effekt ist der massive Anstieg bei den Immobilienpreisen. Doch hier rate ich zur Vorsicht: Wenn es zu der von mir befürchteten Deflation kommt, werden sehr viele Immobilienbesitzer in der Schuldenfalle sitzen.

Grundsätzlich steigt in der Deflation der Wert der Schulden auf der einen Seite und auf der anderen Seite sinkt der Wert der Immobilie. Wenn dann die Hypotheken nicht mehr bedient werden können, folgt am Ende die Zwangsversteigerung der Immobilie. Da jedoch der Wert der Objekte nun stark gefallen ist, sitzen die Eigenheimbesitzer dann auch noch vor einem Schuldenberg.

Welche Auswüchse aktuell der Immobilienboom schon hat, verdeutlicht die folgende Erfahrung: So erklären jetzt schon Makler, dass Interessenten Häuser kaufen, ohne sie vorher überhaupt besichtigt zu haben. Es geht nur noch darum, möglichst schnell eine vermeintlich sichere Immobilie zu erwerben.

Wenn in einem Jahr die Immobilienpreise um deutlich mehr als 15% gestiegen sind, kann man ohne Übertreibung von einer Blase sprechen. Solche Werte erreichen aktuell nur die Ballungsräume wie München oder Hamburg. Doch nach Angaben der Deutschen Bundesbank weitet sich die Immobilienüberbewertung auch immer mehr ins Umland aus.
Doch sollte die Propaganda zum Thema Inflation weiter so rund laufen, erwarte ich schon bald auch eine Ausweitung des Immobilienbooms in die kleineren Städte der Republik. Mit der Angst vor Inflation sind in Deutschland auf Grund der historischen Erfahrung immer noch gute Geschäfte zu machen.

An dem Boom bei Immobilien ist auch noch etwas anders zu erkennen: Zumeist zahlt es sich nicht aus, das zu machen, was die Masse macht. Auch aus diesem Grund rate ich von Käufen von Immobilien ab. Und dann kommt noch eine weitere Gefahr mit hinzu, die ich als naheliegender betrachte: die Gefahr von staatlichen Immobilienabgaben.

Immobilien sind ein gutes Objekt für staatliche Abgaben

Bedenken Sie: Auf nichts kann der Staat so gut zugreifen wie auf Immobilien. Die können nicht versteckt werden, weil sie eben immobil und zudem noch im Grundbuch eingetragen sind. Sollte es zu Zwangsabgaben auf Immobilien in Deutschland kommen, wäre zudem auch nur eine Minderheit betroffen: Immerhin sind nur 40% der Bundesbürger Immobilienbesitzer. Doch für den Staat würden sich diese Abgaben extrem lohnen, denn Immobilien machen mit 50% den größten Anteil am Volksvermögen aus.

Nach oben ist bei den Abgaben zudem noch viel Luft. Das zeigt das Beispiel Vereinigte Staaten. Dort liegen die Grundsteuern in einigen Regionen bis zu zehn Mal höher als bei uns in Deutschland. Und speziell in den USA sitzen noch immer extrem viel Anleger buchstäblich auf einem Scherbenhaufen nach dem Platzen der Immobilienblase. Diese Gefahr sehe ich auch für Deutschland.

Ein Argument, dass ich immer wieder höre: Auch viele Bundestagsabgeordnete sind doch Immobilienbesitzer – die werden sich ja wohl nicht ins eigene Fleisch schneiden und drastischen Abgaben auf Immobilien zustimmen. In einem ersten Schritt mag das vielleicht noch gelten. Doch auch schon in den 1950er Jahren gab es Immobilienbesitz bei Abgeordneten.

Und damals wurde der Ihnen sicherlich noch bekannte Lastenausgleich beschlossen. Nur noch mal kurz zur Erklärung: Beim Lastenausgleich wurde eine 50%-ige Abgabe auf den Immobilienbesitz auf bis 30 Jahre gestreckt.

Sie sehen daran: es hat schon Zwangsmaßnahmen zum Thema Immobilie in der Bundesrepublik gegeben. Grundsätzlich ist es doch so, dass der Staat an hohen Immobilienpreisen interessiert ist. Das bietet die Chance für hohe Einnahmen des Staates. Und das Thema Zwangsanleihen ist auch schon von den Experten des Deutschen Instituts für Wirtschaftsforschung (DIW) thematisiert worden. In einer Studie kamen die Experten zu dem Schluss, dass 10% Zwangsleihen durchaus eine praktikable Lösung für die Bundesregierung wären.

Gefahr einer deflationären Weltwirtschaftskrise wächst

Für mich stellt sich die Lage aktuell so dar: Die weitere Eskalation der Euro-Krise und eine Verschärfung der Lage in den USA sehe ich als große Gefahr für das Aufkommen einer deflationären Weltwirtschaftskrise.

Auch wenn Ihnen das heute noch keiner sagt, so steht doch für mich jetzt schon fest: Uns stehen Verhältnisse wie in den 1930er Jahren bevor. Zum Höhepunkt der Krise werden wieder zerlumpte Gestalten auf der Straße herumlaufen. Noch wird jedoch die Bevölkerung bei Laune gehalten. Die Medien spielen dabei eine ganz entscheidende Rolle.

Neben Desinformation und gezielter Inflationspropaganda sorgt auch immer mehr Unterhaltung nach dem altrömischen Motto „Brot und Spiele" für Ablenkung. Wir wissen alle noch, wohin diese Ablenkung geführt hat: In den Untergang des einstmals römischen Weltreichs.

Die Ablenkung der Masse funktioniert derzeit aber noch planmäßig – und so können die Vermögenden immer mehr Vermögen anhäufen. Erst kürzlich hat der deutsche Armutsbericht eine erschreckende Zahl zu Tage gefördert: Die Hälfte der Bevölkerung hat nur 2,5% des Vermögens. Auch wenn es viele noch nicht wahrhaben wollen: Den Mittelstand gibt es schon lange nicht mehr in Deutschland.

Für mich ist auch klar: Dieses rund laufende Uhrwerk hält niemand mehr an. Für Sie kann es jetzt nur darum gehen, Ihr Vermögen sicher durch die Krise zu bringen. Dabei werde ich Sie auch weiterhin als Krisenexperte unterstützen.

Glossar

Ad-hoc-Mitteilung
Diese Meldung muss vom Unternehmen dann verschickt werden, wenn kursrelevante Nachrichten vorliegen. Im Einzelnen können das Unternehmenszahlen, Übernahmen, aber auch Gewinnwarnungen sein. Über solche Vorgänge müssen sofort alle Marktteilnehmer informiert werden. Daher geschieht der Versand der Ad-hoc-Mitteilungen über elektronische Nachrichtendienste.

Aktiengesellschaft
Eine Unternehmensrechtsform, bei der die Gesellschafter (die Aktionäre) an dem Grundkapital in Aktien beteiligt sind und darüber hinaus nicht haften.

Anlageprodukte
Verbriefte Derivate ohne Hebel; dazu zählen Anlagezertifikate, Aktienanleihen, Exchange Traded Funds.

Ask
Verkaufsangebot, auch als „Brief“ oder „Briefkurs“ bezeichnet. Das Ask ist dabei der Preis, zu dem der Verkäufer bereit ist, sein Wertpapier zu verkaufen.

Bid
Kaufnachfrage, auch als „Geld“ oder „Geldkurs“ bezeichnet. Das Bid bezeichnet den Preis, den der Käufer bereit ist, für ein Wertpapier zu bezahlen.

Briefkurs
Der Kurs, zu dem Sie ein Wertpapier kaufen können.

Bullenfalle
Ein Kursanstieg, der Trader zum Einstieg verführt, aber nur von kurzer Dauer ist und sich dann in einen raschen Kursabfall wendet.

Computerbörse
An Computerbörsen, wie beispielsweise XETRA der Deutschen Börse, sind die Handelsteilnehmer nicht mehr physisch anwesend und geben ihre Order am Parkett bekannt. Vielmehr handeln die Marktteilnehmer vom Büro aus schnell und direkt über die Computersysteme der Börse.

Diversifikation
Risikostreuung und -minderung durch die Anlage in eine Vielzahl verschiedener Wertpapiere. Bei Aktiendepots werden Aktien verschiedener Regionen und Branchen gekauft.

Emittent
Das Unternehmen, das Aktien oder Anleihen begibt. Bei Zertifikaten ist der Emittent die Bank, welche die Produkte erstellt und verkauft.

Fremdwährungsanleihe
In einer fremden Währung begebene Anleihe. Wechselkursänderungen bedeuten ein zusätzliches Risiko.

Geldkurs
Der Kurs, zu dem Sie ein Wertpapier verkaufen können.

Geldmarkt
Der Geldmarkt umfasst kurzfristige Kredite und Guthaben, die unter Banken gegenseitig vergeben werden. Damit spielt dieser Markt eine wichtige Rolle bei der Liquiditätsbeschaffung. Die Laufzeit der Papiere beträgt maximal ein Jahr.

Geschlossene Fonds
Das sind vornehmlich Fonds, in die nur während eines bestimmten Zeitraums investiert werden kann. Danach wird der Fonds geschlossen und die Anleger tragen die vollen Risiken wie ein Unternehmer (in der Regel ein Kommanditist).

ISIN
Internationale Wertpapierkennumer (zwölfstellig) zur Identifizierung von Wertpapieren

Kurs-Gewinn-Verhältnis (KGV)
Kennzahl bei der Aktienbewertung. Das KGV wird durch Teilung des aktuellen Aktienkurses durch den Gewinn pro Aktie errechnet. Je niedriger der Wert, desto günstiger ist die Aktie.

Leverage
Durch die Aufnahme von Fremdkapital kann der Gewinn beziehungsweise die Ertragskraft des Eigenkapitals gesteigert werden, wenn der zu erwartende Rückfluss höher ist als die Zinsen für das Fremdkapital. Je höher das Fremdkapital, desto höher ist auch der Hebel bei Investitionen und damit steigt auch das Risiko.

Limit
Wenn Sie beim Kauf ein Limit setzen, geben Sie den maximalen Kurs vor, den Sie zu zahlen bereit sind, bei einem Verkaufslimit den minimalen Kurs zu dem Sie verkaufen möchten. Damit gewährleisten Sie, dass Ihre Order nicht zu einem ungünstigeren Kurs ausgeführt wird.

Neuer Markt
Bis zur Jahrtausendwende wurde unter den Namen „Neuer Markt" das Technologiesegment der Börse Frankfurt zusammengefasst. Zunächst brachten diese spekulativen Aktien hohe Renditen. Beim Platzen der New-Economy-Blase lösten sich jedoch viele Träume auf und sehr viel Kapital ging verloren – bis hin zum Konkurs zahlreicher Firmen.

Rating
Beurteilung von Emittenten entsprechend ihren wirtschaftlichen Verhältnissen. International bekannte Ratingagenturen sind zum Beispiel Standard & Poor's (S&P) und Moody's.

Spread
Differenz zwischen An- (Brief-) und Verkaufskurs (Geldkurs)

Stop-Loss-Auftrag
Verkaufsauftrag, der automatisch unlimitiert ausgeführt wird, sobald der Kurs des Wertpapiers auf oder unter einen bestimmten Wert (Stoppkurs) fällt.

Stoppkurs
Instrument zur Risiko- und Gewinnabsicherung. Ein Wertpapier wird verkauft, wenn der Kurs auf oder unter einen bestimmten Wert (Stoppkurs) fällt.

WKN
Wertpapierkennnummer (sechsstellig) zur Identifizierung von Wertpapieren.